NEW
INFRASTRUCTURE CONSTRUCTION

新基建
数字经济改变中国

廖莉娟 主编

胡军涛 曹国强 赵亮 薛亚梅 副主编

人民东方出版传媒
东方出版社

图书在版编目（CIP）数据

新基建：数字经济改变中国 / 廖莉娟主编 . —
北京：东方出版社，2020.7
ISBN 978-7-5207-1549-2

Ⅰ . ①新… Ⅱ . ①廖… Ⅲ . ①信息经济—基础设施建设—研究—中国
Ⅳ . ① F492.3

中国版本图书馆 CIP 数据核字（2020）第 094469 号

新基建：数字经济改变中国

（XINJIJIAN：SHUZIJINGJI GAIBIAN ZHONGGUO）

主　　编：廖莉娟
责任编辑：辛岐波　陈钟华　孔祥丹
责任校对：赵鹏丽
出　　版：东方出版社
发　　行：人民东方出版传媒有限公司
地　　址：北京市朝阳区西坝河北里 51 号
邮　　编：100028
印　　刷：三河市龙大印装有限公司
版　　次：2020 年 7 月第 1 版
印　　次：2020 年 7 月北京第 1 次印刷
开　　本：710 毫米 ×1000 毫米　1/16
印　　张：15
字　　数：180 千字
书　　号：ISBN 978-7-5207-1549-2
定　　价：58.00 元
发行电话：（010）85924663　85924644　85924641

目　录

第一章 新基建来得正当其时

　　2020年是极其特殊的一年，世界经济增长持续放缓。尽管我国经济稳中向好、长期向好的基本趋势没有改变，但"三期叠加"（增长速度换挡期、结构调整阵痛期、前期刺激政策消化期）影响持续深化，经济下行压力加大。面对消费和出口双双受到制约的现状，新基建作为投资的重要组成部分，作为发展数字经济的重要抓手，将为我国经济发展释放新动能，守住"六保"，促进"六稳"，缓解社会主要矛盾，突围"三期叠加"，确保全面建成小康社会，助力"十四五"规划顺利落地提供重要支撑。

第一节

新基建来了

从 2018 年中央经济工作会议首次提出"新型基础设施建设"到 2019 年的进一步探索，再到 2020 年的加大部署，作为涵盖三个方面、多个领域的新基建正式站上风口，大踏步向我们走来。

新基建是相对于传统基建即铁路、公路、机场、水利、桥梁等"铁公基"而言的。基础设施是经济发展的基础和保障，基础设施建设增速每提升 1 个百分点，会拉动国内生产总值（GDP）增速提升 0.11 个百分点左右。从 1981 年到 2017 年，鉴于"铁公基"资金投入大，可以刺激总需求并有效拉动固定资产投资和就业，我国经济发展主要是由地产、传统基建为代表的投资驱动发展，GDP 增速呈线性趋势显著增长，有效地促进了我国经济的增长。但是，随着我国社会主要矛盾转化为人民日益增长的美好生活需要和不平衡不充分的发展之间的矛盾，我国经济结构中的有效供给严重不足，不能适应人民新需求的变化，生产能力大多数只能满足中低端、低质量、低价格的需

新基建的三个方面内容

三个方面	含义	主要应用领域
信息基础设施	主要是指基于新一代信息技术演化生成的基础设施	以5G、物联网、工业互联网、卫星互联网为代表的通信网络基础设施，以人工智能、云计算、区块链等为代表的新技术基础设施，以数据中心、智能计算中心为代表的算力基础设施等
融合基础设施	主要是指深度应用互联网、大数据、人工智能等技术，支撑传统基础设施转型升级，进而形成的融合基础设施	智能交通基础设施、智慧能源基础设施等
创新基础设施	主要是指支撑科学研究、技术开发、产品研制的具有公益属性的基础设施	重大科技基础设施、科教基础设施、产业技术创新基础设施等

求，关键核心技术遇到"卡脖子"等问题纷纷暴露出来，这是因为我国经济面临最突出的结构失衡矛盾。解决这样的发展矛盾，需要我们以供给侧结构性改革为主线，推动经济高质量发展，不断提升我国经济创新活力。同时，受2008年国际金融危机影响，世界很多国家尤其是西方国家没有从金融危机中走出来，逆全球化、贸易保护主义、单边主义不断抬头，世界经济增长持续乏力，金融危机仍在蔓延，发展鸿沟越来越突出，全球动荡源显著增多、风险点逐年加强。2018年，美国对我国发动贸易战，尽管现在已经达成第一阶段经贸协议，但我国出口持续承受很大压力。此外，当今世界正发生着最为迅速、广泛、深刻的变化。以信息技术为代表的高新技术迅猛发展，国与国之间的竞争越来越集中在以信息化和信息产业发展水平为主的综合国力的竞争。新一轮科技革命和产业革命正在孕育成长，数字经济使人

类处理大数据的能力不断增强，推动社会生产力快速发展。可以说谁掌握了核心技术，谁就能在第四次工业革命中遥遥领先。正是在这样的背景下，为了有效地应对国际国内可以预见和难以预见的风险和挑战，促进形成强大的国内市场，深入推进供给侧结构性改革，努力满足人民需求，在 2018 年中央经济工作会议上，中央提出：要发挥投资关键作用，加大制造业技术改造和设备更新，加快 5G 商用步伐，加强人工智能、工业互联网、物联网等新型基础设施建设。这是新基建首次出现在中央层面的会议中。

随后，新基建正式开启了探索之路。2019 年政府工作报告提出：加强新一代信息基础设施建设。现在看来，尽管 2019 年政府工作报告并没有提新基建，但已经可以依稀看出新基建的雏形。例如：打造工业互联网平台，拓展"智能 +"，为制造业转型升级赋能；深化大数据、人工智能等研发应用，培育新一代信息技术、高端装备、生物医药、新能源汽车、新材料等新兴产业集群，壮大数字经济；等等。2019 年 7 月 30 日，中共中央政治局会议明确提出：加快推进信息网络等新型基础设施建设。为什么新基建提出之后，对它的重视程度越来越高呢？这是因为，随着社会生产模式的不断升级、生活模式的不断进化，原有的基础设施已经不能满足社会高效运作的需求，难以满足人民的需要。正如 1993 年美国政府宣布旨在建立无缝连接计算机、电视、电话、卫星等设备的统一通信网络的"国家信息高速公路"计划后，首批虽然只有 100 万户家庭连接上网，但仅仅 5 年时间内大部分的家庭、社会组织就实现了利用电子邮件、视频会议开会、在家远程办公等，既节约了成本、释放了经济动能、促进了经济的发展，又满足了互联网时代人们的真实需求。2019 年中央经济工作会议强调，要大力发展数字经济，加强战略性、网络型基础设施建设，推进川藏铁路等重大项目建设，稳步推进通信网络建设。在我国，阿里巴巴、腾讯等中国互联网巨头 20 世纪 90 年代出现后，随着互联网的应用得到了快速发展。以新技术为支撑的新型基础设施，从 2018 年提出后，不断推进，可以说已经成为未来的发展方向。如 2019 年我国已建成全球最大规模的光纤和移动通信网络。2019 年被称为 5G 元年，以 5G 基站建设为例，截至 2019 年底，5G 基站建设数额已超过 13 万个，用户增速百万／月，用户规模与网络覆盖范围同步扩大。

2020 年 1 月 3 日召开的国务院常务会议提出，要大力发展先进制造业，出台信息网络等新型基础设施投资支持政策，推进智能、绿色制造。运用先进适用技术升级传统产业，推动重大创新技术和产品应用、工业基础能力提升、新动能成长。这就明确从政策上支持新型基础设施建设，有利于产业发展。2020 年 2 月 14 日，中央全面深化改革委员会第十二次会议明确指出：基础设施是经济社会发展的重要支撑，要以整体优化、协同融合为导向，统筹存量和增量、传统和新型基础设施发展，打造集约高效、经济适用、智能绿色、安全可靠的现代化基础设施体系，因此，要统筹好传统基础设施和新型基础设施。传统基础设施和新基建并不是对立的，发掘传统基建领域新的增长点的过程，其实是"补短板"，也属于新基建。2020 年 3 月 4 日，中共中央政治局常务委员会会议再次提出：加快 5G 网络、数据中心等新型基础设施建设进度。这进一步强调加快新基建进度。2020 年 4 月 1 日，习近平总书记在浙江考察时强调：要抓住产业数字化、数字产业化赋予的机遇，加快 5G 网络、数据中心等新型基础设施建设，抓紧布局数字经济、生命健康、新材料等战略性新兴产业、未来产业，大力推进科技创新，着力壮大新增长点、形成发展新动能。目的是加快新基建进度，促进数字经济发展。2020年4月20日，国家发展改革委在新闻发布会上进一步明确了新型基础设施是以新发展理念为引领，以技术创新为驱动，以信息网络为基础，面向高质量发展需要，提供数字转型、智能升级、融合创新等服务的基础设施体系。概括起来主要包括信息基础设施、融合基础设施、创新基础设施三个方面的内容。涵盖5G、大数据中心、特高压、城际高速铁路和城市轨道交通、新能源汽车充电桩、人工智能、工业互联网等领域。随着中央对发展新动能越来越重视，地方和企业看到了发展潜力，提振了信心。紧跟中央的系列部署，地方政府也开始大范围发展新基建。据不完全统计，截至2020年4月中旬，已有13个省区市发布了2020年新基建相关重点项目投资计划，其中8个省份公布了计划总投资额，共计33.83万亿元。[①]2020年5月以来，广州11日新签约16个数字新基建项目，总投资额566亿元；上海7日发布的新基建方案提出，未来三年预计总投资约2700亿元；昆明也明确将打造新型基础设施，重点项目394个，2020年计划完成投资589.84亿元。[②]新基建保持着快速发展的势头，成为各地政府和企业竞相发展的方向。

新基建以其独有的技术新、模式新、领域新、应用新等优势，又以特殊的时代背景为依托，一经提出，便以蓬勃发展之势出现在众人面前，并在释放经济发展新动能方面表现出独特"魅力"，成为人们谈论最多的话题。

---

① 《新基建，是什么》，《瞭望东方周刊》2020年第9期。
② 《多地吹响新基建项目投资"集结号"》，《经济参考报》2020年5月14日。

国家新基建政策规划与主要内容

时间	会议	主要内容
2018 年 12 月 19 日	中央经济工作会议	要发挥投资关键作用，加大制造业技术改造和设备更新，加快 5G 商用步伐，加强人工智能、工业互联网、物联网等新型基础设施建设
2019 年 3 月 5 日	政府工作报告	打造工业互联网平台，拓展" 智能 +"，为制造业转型升级赋能；深化大数据、人工智能等研发应用，培育新一代信息技术、高端装备、生物医药、新能源汽车、新材料等新兴产业集群，壮大数字经济
2019 年 7 月 30 日	中共中央政治局会议	稳定制造业投资，实施城镇老旧小区改造、城市停车场、城乡冷链物流设施建设等补短板工程，加快推进信息网络等新型基础设施建设
2019 年 12 月 10 日	中央经济工作会议	加强战略性、网络型基础设施建设，推进川藏铁路等重大项目建设，稳步推进通信网络建设
2020 年 1 月 3 日	国务院常务会议	大力发展先进制造业，出台信息网络等新型基础设施投资支持政策，推进智能、绿色制造
2020 年 2 月 14 日	中央全面深化改革委员会第十二次会议	基础设施是经济社会发展的重要支撑，要以整体优化、协同融合为导向，统筹存量和增量、传统和新型基础设施发展，打造集约高效、经济适用、智能绿色、安全可靠的现代化基础设施体系
2020 年 2 月 21 日	中共中央政治局会议	加大试剂、药品、疫苗研发支持力度，推动生物医药、医疗设备、5G 网络、工业互联网等加快发展
2020 年 3 月 4 日	中共中央政治局常务委员会会议	加快 5G 网络、数据中心等新型基础设施建设力度
2020 年 4 月 29 日	中共中央政治局常务委员会会议	要启动一批重大项目，加快传统基础设施和 5G、人工智能等新型基础设施建设
2020 年 5 月 22 日	政府工作报告	发展工业互联网，推进智能制造。加强新型基础设施建设，发展新一代信息网络，拓展 5G 应用，建设数据中心，增加充电桩、换电站等设施，推广新能源汽车，激发新消费需求、助力产业升级

第二节
新基建释放经济发展新动能

新基建在释放经济发展新动能方面的独特"魅力",不仅表现在短期内稳定经济增长;还表现在长期促进供给侧结构性改革,助力我国经济转型升级,实现经济高质量发展。

新基建释放经济发展新动能

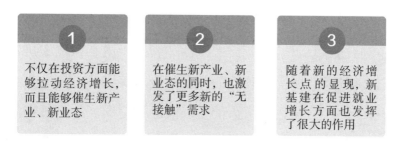

面对国际环境的冲击,新基建能在 2020 年担当重任,挑起大梁,原因在于其本身有着强大的带动作用。一直以来,消费、投资、出口是拉动经济增长的三驾马车。短期来看,由于各种因素的影响,我国消费领域如汽车、餐饮、旅游等受到重创。国家统计局公布的数据显示，2020 年 1—4 月，全国餐饮收入 8333 亿元，同比下降41.2%。[①] 中国旅游研究院召开的《中国旅游经济蓝皮书（No.12）》线上发布会预计 2020 年一季度及全年，国内旅游收入分别负增长69% 和 20.6%，全年减收 1.18 万亿元。[②] 另外，受到全球性出口下滑的影响，我国经济发展面临来自国内外的风险和挑战。因此，要想稳定经济增长，应在始终没受太大影响的投资中加大力度。新基建除了具有传统基础设施稳定投资的作用，还具有更大更多的乘数效应。如单是 5G 网络，中国电子信息产业发展研究院发布的《"新基建"发展白皮书》预测，到 2025 年建成基本覆盖全国的 5G 网络，预计需要 5G 基站 500 万—550 万个，以每个基站平均 50 万元计算，直接拉动基站投资约 2.5 万亿元。[③] 可以说，作为投资驱动经济发展的重要方面，新基建成为稳定经济增长的主要驱动力。

新基建不仅在投资方面能够拉动经济增长，而且能够催生新产业、新业态，如互联网经济、人工智能、数字经济等新技术产业，同时催发新的产业链的重新构建，如上游产业光纤电缆、基站、传感器、存储器等，下游产业终端硬件如智能手机、智能家居、智能汽车等，以及硬件所需的软件的开发和设计等服务，每一个细分领域都有自己的产业链，有巨大的发展潜能和空间。如京东物流联手

① 《2020 年 4 月份社会消费品零售总额下降 7.5%》，国家统计局网站 2020 年 5 月 15 日。

② 《中国旅游研究院：预计今年国内旅游减收 1.18 万亿元》，第一财经网 2020 年 2 月 20 日。

③ 陈欢欢：《〈"新基建"发展白皮书〉发布》，《中国科学报》2020 年 3 月 26 日。

山东寿光打造的数字产业基地，依托大数据、5G、区块链、人工智能等前沿技术，实现了蔬菜的可追溯管理，同时使蔬菜管理更加精细化。

在催生新产业、新业态的同时，新基建也激发了更多新的"无接触"需求。如网上购物方面，国家统计局公布的数据显示，2020年1—2月，实物商品网上零售额同比增长3%，占社会消费品零售总额的比重达到21.5%。[①] 直播带货方面，据艾媒咨询数据，国内直播电商市场规模从2017年的190亿元迅速增长至2019年的4338亿元，2020年预计规模将达到9610亿元。[②] 直播网课方面，老师变身"主播"，学生进行"云签到"，钉钉更是发挥打卡功能。艾媒咨询数据显示，2020年中国在线教育用户将达到3.09亿人，市场规模将达到4538亿元。[③] 可以看出，随着新产业、新业态、新需求成为常态，新基建必将成为新的经济增长点。

随着新的经济增长点的显现，新基建在促进就业增长方面也发挥了很大的作用。2020年我国高校毕业生预计达到874万，人数再创历史新高，面对复杂情况，就业压力显著增大。一方面，利用新基建特有的技术优势，进行云招聘，提供更多的就业渠道。2020年2月底，教育部利用最新技术推出"24365"网络招聘服务平台，全国各大高校也积极应对，搭建"云招聘"平台，开展"云就业"辅

---

① 《2020年1—2月份社会消费品零售总额下降20.5%》，国家统计局网站2020年3月16日。

② 《亦庄将现5G直播带货大本营》，《北京晚报》2020年6月8日。

③ 《2020中国在线教育行业发展现状、问题、机遇及趋势全解读》，艾媒网2020年6月2日。

导，帮助毕业生尽早就业。另一方面，由于新基建可以拉动一些高级要素，如高端装备、相关人才和信息技术的投入，需要更多的专业性的人才进行支撑，相应地可以催生新的就业岗位。如 2020 年人力资源和社会保障部与市场监管总局、国家统计局联合向社会发布了包括智能制造工程技术人员、虚拟现实工程技术人员、网约配送员、人工智能训练师、全媒体运营师在内的 16 个新兴职业，大规模地带动就业，为更多人才创造新机遇，可以说新基建日渐成为带动就业的新引擎。据《2020 新基建中高端人才市场就业新引力报告》，新基建总体领域的在线职位呈现较快的逆势增长态势，2020 年 1—4 月，新基建总体领域在线职位比 2019 年同期增长了 35.86%。可以说，新基建不仅能促进巨大的投资与需求，也能不断促进消费市场的升级壮大，在稳增长、促就业、保民生方面发挥了巨大的作用，稳定了中国经济。

但同时，我们也要看到，尽管新基建短期内对我国经济社会发展产生了很大的刺激作用，但网课平台在初始阶段频繁出现卡顿、崩溃，偏远山区学生需要徒步几公里漫山遍野"找"信号等案例相继出现，说明我国在新型基础设施建设方面其实还存在很大短板。硬件设施方面的短板表现在与新型基础设施相关的硬件产品制造能力和产品质量与需求之间还有差距；软件设施方面的短板体现在软件设计的创新能力满足不了发展需求。除此之外，新基建在目前阶段投资总量有限，拉动经济增长、提升传统基础设施工作效率是需要逐渐释放的。这是一个缓慢但需坚持的过程，短期内很难有立竿见影的效果。

因此，在发展新基建的过程中我们要处理好短期和长期的关系，新基建的规划和布局要立足长远发展，将重点放在如何激发经济高质量发展的内生动力上。从长远看，特别是从当前全球数字经济发展态势看，大力发展新基建是提升我国国际竞争力的战略选择。

新基建作为新的要素市场对我国长期的影响表现在：一方面，新基建将会对我国传统的基础设施进行升级改造，大力提升我国基础设施水平，使其最大程度地适应数字经济社会发展的需要，并最大程度地满足人民日益增长的美好生活需要。另一方面，新基建建立在信息技术基础之上，可以助力数字经济的发展，对我国建设网络强国、数字中国、实现可持续发展有着重大的促进作用。新基建促进数字经济发展，数字经济的价值即网络产生和带来的效益将随着网络用户的增加而呈指数形式增长。中国互联网络信息中心发布的第 45 次《中国互联网络发展状况统计报告》显示，截至 2020 年 3 月，中国网民规模为 9.04 亿，网络购物用户规模达 7.10 亿[1]，可见其效益和日后的发展会更加迅速。所以，新基建与实体经济的深度

我国网民规模

截至2020年3月

我国网民规模	我国网络购物用户规模	我国在线教育用户规模
9.04亿	达7.1亿	达4.23亿
互联网普及率 达 64.5%	↑ 较 2018 年底增长 16.4%	↑ 较 2018 年底增长 110.2%
	占网民整体的78.6%	占网民整体的46.8%

---

[1]《第 45 次〈中国互联网络发展状况统计报告〉》，中国网信网 2020 年 4 月 28 日。

融合将打破传统基建边际效益递减的现状，使边际效益逐渐递增，经济发展呈现"乘数"效应。同时将大力推进产业结构的优化升级、助力我国经济转型升级，促进供给侧结构性改革，推动经济高质量发展。

此外，新基建的一个重要背景是我国正处于从年轻社会向老龄社会的转型时期。2019 年中国 65 岁及以上人口占比达 12.6%，2022 年中国将进入占比超过 14% 的深度老龄化社会，年均净增加 1000 万以上老龄人口，中国人口老龄化速度和规模前所未有，我国人口红利正日趋减少。基于现实考虑，如何刺激人口红利或寻找新的红利代替人口红利是我们面临的重大问题。而随着新基建的发展，各行业必将深度融合，汽车、制造、交通、医疗、教育等领域也必将在新基建的带动下快速发展，中国的数据红利将取代人口红利，大大缓解我国人口老龄化的危机。随着新基建解决一系列问题，缓解社会众多矛盾，在更长远的时期，新基建将使我国经济发展全面进入"大创新"时代。哈佛商学院教授迈克尔·波特在其《国家竞争优势》一书中指出，每一个国家的发展都将经历生产要素驱动、投资驱动、创新驱动和财富驱动四个发展阶段。大创新时代需要有更加新的、更加成熟的基础设施，一方面支撑传统产业的改造升级，另一方面促进新兴产业的蓬勃发展。可以说，我国新基建的发展将推动我们进入新的大创新时代，将全面改变产业生态体系，将具备更巨大的市场和更完备的产业体系，会有更开放的全球经济环境，促进整个人类的生产方式和生活方式发生革命性变化。

不管是从短期还是长期来看，谁占领了新基建制高点，谁就抓住了引领未来世界经济发展的"牛鼻子"。新基建作为新一轮技术产业革命的重要发展方向以及夯实国家经济竞争力的重要抓手，必将在我国经济向高质量发展转变的过程中，在跨入"大创新"时代的过程中，带来生产方式和生活方式的深度调整。

第三节

新基建将会改变什么

新基建将推动面向个人用户的互联网科技服务逐步面向各行各业，推动各行各业的深度融合和发展，推动社会进入一个全面感知、可靠传输、智能处理、精准决策的万物互联时代，全面改变人与人、人与物、物与物的联系互动方式和准则。

新基建将会改变什么

推动社会进入
万物互联时代

1 推动各行各业深度
融合和发展

2

3 全面改变人与人、人
与物、物与物的联系
互动方式和准则

对于新基建产生、发展的时机和新基建巨大的投资带动作用，很多人会想到 2009 年为了应对 2008 年国际金融危机，我们国家启动的 4 万亿基础设施刺激计划。可能也会有很多人提出这样的疑问，此次我们国家大规模发展新基建，目前已经有超过 30 万亿的基建规划，会不会跟上次一样被动并带来一些后遗症呢？仔细观察的话，我们可以清晰地看到，此次我们国家超过 30 万亿的新基建规划，主要是目前 20 多个省已公布的未来总投资计划，而 2020 年的投资额并没有比 2019 年增长太多。未来的投资规划一方面是为了提振市场信心，另一方面也是积极主动应对国际国内经济环境的实际行动，现在的新基建是着眼国家的长期规划的，是我们在分析国内外局势、抗疫成功情况下的积极主动作为。作为一项国家深度思考后的具体实践，新基建在我国经济发展的规划中，致力于建设多个城市群，不断推进我国城镇化进程，将深度改变人与人之间的关系。

之所以说新基建改变了人与人之间的关系，是因为新基建削弱了有限的传统要素对经济增长的制约，提升了数据资源、电力能源、人才的流动速度和参与程度，推动了技术、劳动、资本等其他生产要素的数字化发展，不仅提升了政府在规划、建设、运营、监管的全环节的社会治理能力和水平，还促进了中小城市和农村地区的协调发展。人与人之间的关系反映在国家社会治理能力和水平方面，使社会治理更精细、更高效、更人性化。例如，上海市闵行区通过分析 2019 年平安建设大数据，可以得出每天各类警情如纠纷类警情、诈骗类警情、人身侵害类警情等分别在哪个时间段出现高峰，并加以重点防范和预防。浙江省杭州市下城区潮鸣街道引入"城市大脑"，为 150 名独居老人安装门磁报警器，并将数据连入管理员"城市大脑"，通过分析老人是否开门来判断老人是否遇到突发情况，并迅速将情况反馈至社区网格化管理员，使社区工作人员可以快速作出反应。这些都使社会治理更加精细化。重庆市合川区通过对社会治理大数据中心进行分析，只需几秒钟，数据中心就可以将 24 小时内辖区摄像头拍摄到的符合模糊特征的人物全部查找出来，初步锁定要找寻的人员，大大提高了工作效率。为了方便居民生活，现在全国各省市都相继推出线上 App，不论是搜索图书、办理证件、查询业务，还是交通旅行、美食鉴赏等，都可以在线查询办理。数据显示，截至 2020 年 3 月，我国在线政务服务用户规模达 6.94 亿，2019 年，全国 31 个省区市和新疆生产建设兵团、40 余个国务院部门建成政务服务平台。2019 年 11 月，国家政务服务平台整体上线试运行，联通 32 个地区和 46 个国务院部门，对外提供国务院部门 1142 项和地方政府 358 万项在线服务。[1] 除了这些，新基建更促进了城市在治理方面的安全性，提高了社会在面临危机时的韧性。在社区管理方面，很多小区安装了智能人脸识别系统，居民可以通过"刷脸"迅速进入社区；在有秩序复工复产阶段，出现了"健康码"这一重要的数字技术创新，目前全国绝大多数地区的"健康码"基本都可以实现一码通行。可以说，新基建利用信息技术的优势，极大地提升了社会治理能力和水平，改变了传统的社区治理模式。

我国在线政务服务用户规模

截至2020年3月，达6.94亿

↑ 较 2018 年底增长 **76.3%**

占网民整体的**76.8%**

---

①《第 45 次〈中国互联网络发展状况统计报告〉》，中国网信网 2020 年 4 月 28 日。

新基建也促进了中小城市和农村的发展，进一步促进了城乡一体化进程。目前，我国已基本实现"城市光纤到楼入户，农村宽带进乡入村"。从 2004 年起，我国通信运营商开始大规模推进农村通信普遍服务的"村村通工程"。2015 年底以来，中央财政资金带动中国三大电信运营商累计投入 400 多亿元，支持 13 万个行政村通光纤和 4G 建设，其中包含 4.3 万个贫困村。截至 2019 年底，我国行政村通光纤和通 4G 的比例均已达到 98%[1]，并已开始 5G 基站的大规模建设。对城市而言，2019 年，河南省建成开通 5G 基站 4189 个，实现了全省所有省辖市城区 5G 网络全覆盖，2020 年启动全省 5G 规模化商用等。[2] 随着城乡一体化进程的加快，新基建将极大地改变人与人之间的关系、人与社会之间的关系。

在改变人与人之间的关系的过程中，新基建重构生产、分配、交换、消费等经济活动各环节，催生新的产品、新的产业，大大改变了人与物的关系。改变人与物的关系主要反映在极大地改变了人们原有的生活习惯、生活状态、生活质量。如果说传统的基础设施是交通、电力、能源、卫生、通信等，如今新基建带来的基础设施使我们在原有基础设施的基础上已经离不开 Wi-Fi、电子商务、移动支付、物流、各种线上社交等。比如，智能家居，只需要一键操作，人们就可以随时随地关上家里的热水器、提前做上热腾腾的米饭、提早洗干净衣服、烧上热水等；智能电梯，不用手接触，只需告诉电梯要到几层就可以顺利到达；智能魔镜，可以随时根据天气变化和个人穿搭偏好为人们提供每天出门穿搭建议；智能照明，通

---

① 《新基建提速》，《瞭望东方周刊》2020 年第 9 期。
② 《5G 网络已覆盖所有省辖市城区》，《新乡日报》2020 年 1 月 7 日。

过感知室外光线，可以自动调节室内光线强度，节能、环保、护眼；等等。除了个人生活的变化，还有工作场景的变化。"云办公"开启，艾媒咨询2020年2月发布的数据显示，2020年新春复工期间，我国有超过1800万家企业采用了线上远程办公模式，共计超过3亿用户使用远程办公应用。政府会议也开始采用远程视频，2020年2月13日，贵州省人大采用中国移动"云视讯"视频系统召开省十三届人大常委会第十五次会议；上海洋山港作为全国首个"5G+智能驾驶"的智慧港口和国内集装箱吞吐量最大的港口之一，在智能重卡示范运营项目区域，无人驾驶技术第一次在5G环境下，实现了港区智能化作业；等等。由于生活环境和工作环境都变得智能，人与物的接触不需要再经过传统的实体接触或者传统的人工劳动，经过数字技术的转化，人与物之间架起了数字的桥梁，当数字技术转化成新的生产要素，就可以实现人与物的新的互动方式。

随着新基建中人工智能、工业互联网、物联网等的不断普及与应用，不仅人与人的关系可以通过线上网络线下实物实时转换，网络空间的投影作用也可以直接对现实世界的智能对象发生作用，免除了原有的物物关系需要通过"人"这个中间必要环节，使物与物的关系发生深刻变化。比如，在未来社会，利用物联网传感器可以对空间各类行为进行实时反馈，进行动态管理，大大提高城市治理效能。目前，新基建催生了一大批智能工厂、智能产业。如重庆市长安民生物流公司广泛采用的"智能仓"，通过40台灵活自动引导的搬运车——AGV小车，就可以在零部件出库的时候将拥有1469个存储库位的零部件搬运至发货通道，而且每小时就可以实现800箱汽车零部件出入库，每年为企业节省约200万元成本，极大地节省了人力，提高了生产效率。在湖南，中国联通利用工业互联网相关技术可以让三一重工厂房数十万台工程机械加装传感器，利用数据形成"挖掘机指数"，随时检测设备和各零部件及其他情况，及早发现问题，主动控制成本，人均效率提升了400%。另外，蒙牛集团和阿里云联合打造"数字奶源智慧牧场管理平台"，可以根据奶牛每天行走的步数来判断奶牛的健康状况。在农业方面，新基建可以将光照、温度、湿度、土壤等一切和农作物生产、生长有关的变量结合在一起，通过一定的数量变化来衡量农作物生长的态势，可以最大程度地检测农作物的生长状况，并对突发情况作出很好的反应。最引人注目的是在物流方面，京东物流借助供应链技术平台，第一时间将配送机器人投入防疫一线，并保证无人机、无人仓在全国范围内保持正常运转，使人与人之间不互相接触就可以完成物品出库和配送，大大减少了病毒传播的可能性。可以说，物与物之间的联系通过数字技术的转化，比以前更加灵活、更加精细、更能赋予产品新的适应时代需求的内涵，有效地帮助企业、农户等主体作出正确的决策，促进整体产业的发展。

总的来说，随着新基建的持续快速发展，我国社会发展水平与发展形态必将进入新的阶段，人与人、人与物、物与物之间的关系开始量化，可以为社会发展、运行、协调提供更高的精准性，可以有效地促进社会的高效、有序运转。

第二章 新基建从"新"开始

新基建之"新"在于，一方面，通过促进信息技术的市场化，推动数字产业形成和发展，加速数字产业化，为经济增长培育新动力，催生新产业、新业态；另一方面，以产业为赋能对象，通过对传统产业进行数字化智能化改造，推动产业结构优化升级，加速产业数字化，实现对经济发展的"乘数"效应。通过数字产业化、产业数字化，再加上重大科学研究的创新，不断促进数字经济的发展，促进我国社会在由工业社会迈向数字社会的过程中实现超越式发展。2020年4月，国家发展改革委首次明确新基建的范围包括三个方面：信息基础设施、融合基础设施、创新基础设施。

第一节
信息基础设施

信息基础设施作为新基建的一个重要方面，主要以新一代信息技术为基础，它的"新"不仅表现在相对于传统基础设施方面的技术新，还表现在相对于原有信息基础设施自身的不断发展、完善和升级换代。

国家发展改革委指出，信息基础设施，主要是指基于新一代信息技术演化生成的基础设施，包括以 5G、物联网、工业互联网、卫星互联网为代表的通信网络基础设施，以人工智能、云计算、区块链等为代表的新技术基础设施，以数据中心、智能计算中心为代表的算力基础设施等。相对于以自然资源为主的传统的基础设施，信息基础设施最主要的特点在于利用数字技术这个新的生产要素进行生产建设，具有鲜明的科技特征和导向，是我国发展数字经济的载体。在信息基础设施方面，据工业和信息化部官网消息，截至 2019 年底，我国互联网宽带接入端口数量达 9.16 亿个，其中，光纤接入端口占互联网接入端口的比重达 91.3%；全国光缆线路总长度已达 4750 万公里[①]，相当于在京沪高铁线上往返 1.8 万余次。由于信息基础设施建设建立在信息基础之上，以 5G、物联网、工业互联网新技术为载体，受物理空间限制较小，所以，现代信息基础设施正以超越传统的方式打破物理空间的阻隔，跨区域跨时段地对各种资源进行高效配置，将广袤的国土空间联系在一起。根据北京大学和蚂蚁金服研究，数字经济通过以资金网络、信息网络、物流网络为代表的三大基础服务的普及，打破地域限制，使我国东、中、西部地区共享经济发展机遇。据统计，2013 年至 2018 年期间，"胡焕庸线"[②] 东西两侧电商数据差距下降 28%，极大地缩小了人均发展差距。同时借助互联网的快速发展，快递迅速崛起，不断用新技术让偏远地

信息基础设施

特点	三大基础设施	代表
新一代信息技术演化生产的基础设施	网络基础设施	5G、物联网、工业互联网、卫星互联网
	新技术基础设施	人工智能、云计算、区块链等
	算力基础设施	数据中心、智能计算中心等

① 《2019 年通信业统计公报》，工业和信息化部网站 2020 年 2 月 27 日。

② "胡焕庸线"，又名黑河—腾冲分割线，是 1935 年著名地理经济学家胡焕庸提出的一条人口分布地理线。胡焕庸线与 400 毫米等降水量线重合，线东南方以平原、水网、丘陵、喀斯特和丹霞地貌为主，自古以农耕为经济基础；线西北方人口密度极低，是草原、沙漠和雪域高原的世界。1982 年的人口普查数据显示，在这条分割线以东地区，约四成国土面积养育了 94.4% 的人口；分割线以西地区，近六成面积，人口仅占 5.6%。2015 年的人口统计数据显示，分割线以西地区人口占全国总人口的 4.4%。

区的人们享受快递的便捷和网上购物的方便。如京东物流实行"千县万镇 24 小时达"计划，可以让人们享受当日或次日收到物品的服务。可以说，信息基础设施为数字经济发展提供了非常有力的支撑。中国信息通信研究院测算数据显示，2019 年中国数字经济规模达到 35 万亿元，占 GDP 比重达到 35.4%。[①]

信息基础设施建设相对于传统基础设施建设的优点不仅表现在技术新上，还表现在理念新上。2019 年中央经济工作会议强调：新时代抓发展，必须更加突出发展理念，坚定不移贯彻创新、协调、绿色、开放、共享的新发展理念，推动高质量发展。[②] 当前我国要努力实现全面建成小康社会目标任务，在迈向全面建成社会主义现代化强国的征程中，如何适应我国社会的主要矛盾变化，满足人民需求，并不断促进我国经济发展转型升级，促进经济高质量发展是摆在我们面前的问题。新发展理念是针对我国发展中的突出矛盾和问题提出来的，可以说发展理念是否对头，从根本上决定着发展成效。而信息基础设施作为新基建的重要组成部分，可以说贯彻了新发展理念，在创新方面，引领数字技术，促进数字经济发展；在协调方面，融合了各地区各领域的发展，促进了我国整体全面发展；在绿色方面，更加注重自然资源的保护，利用高新技术采取智能化方式，促进了生态文明的发展；在共享方面，全民共享，数字技术面向每一个互联网群众，并陆续全面共享，满足了全体人民的需求。前瞻产业研究院发布的《新基建起舞：2020 年中国新基建产业报告》指出，目前中国经济动能正在向后一阶段转换，新基建能够适应中国

---

① 周文:《"大疫"当前中国经济向世界传递信心和警示》，党建网 2020 年 3 月 10 日。
②《中央经济工作会议在北京举行》，《人民日报》2019 年 12 月 13 日。

社会主要矛盾和中国经济迈向高质量发展要求，能更好支持创新、绿色环保和消费升级，在补短板的同时为新引擎助力，这是新时代对新基建的本质要求，也是新基建与传统基建最本质的不同。

信息基础设施

技术新　理念新　原有信息基础设施基础上的自我更新和升级换代

新发展理念的引导，决定了新型基础设施区别于传统基础设施劳动密集型的属性特点。传统基础设施建设不管是高铁、公路，还是建设"新城镇""新农村"，大都少不了要进行拆迁或者大兴土木。同时，传统基础设施的投资规模巨大、周期长，根据券商的相关测算，2019 年预计高铁投资达到 6569 亿元（2019 年整个铁路投资 8029 亿元）、城市轨道交通投资 6783 亿元，高铁和城轨合计投资 1.34 万亿元。[①] 尽管其短期刺激作用明显，但随着我国经济的发展，面对我国经济社会突出矛盾和问题，传统基建越来越失去基础设施原有的带动经济的作用。而相对于传统基础设施劳动密集型的属性，信息基础设施则属于智力密集型，它涵盖的 5G、大数据中心、人工智能、工业互联网等，基本不需要进行大量拆迁、大兴土木，也不需要拆迁过程中的巨大成本投入。如果说传统基础设施建设的主战场在"地上"，可以形象地说信息基础设施的主战场在"云上"。更

---

① 《更新、更广的"新基建"官方定义来了：这一次彻底厘清"老"的和"新"的》，经济观察网 2020 年 4 月 20 日。

重要的是，信息基础设施所涉及的产业领域属于朝阳产业集聚群，处于快速发展期。它不仅具有传统基础设施原有的稳定投资的作用，还可以获得更大的乘数效应。虽然在较短时间内无法像传统基建一样，迅速形成固定资产拉动经济增长，但短期内还是可以起到稳增长、促就业、保民生的基本作用。长期发展的潜力更是巨大，可以促进数字经济的发展，是我国转变经济发展方式、实现经济社会高质量发展的重要着力点。

信息基础设施的"新"还表现在原有信息基础设施基础上的自我更新和升级换代。原有的信息基础设施主要指光缆、微波、卫星、移动通信等网络设备设施。从其发展特点来看，信息基础设施发展的前期，宽带网络的建设是被置于首位的，高速宽带网络是当时许多国家和地区竞相追逐的目标。比如，2009 年，美国政府出资 72 亿美元用于宽带建设和无线互联网接入；2010 年，韩国政府鼓励企业投资 34 万亿韩元（约合 306 亿美元）完成超高速宽带计划。随着新型服务与应用越来越多，对高速网络的需要也越来越急切，云计算、移动设备与宽带开始相互融合，通过彼此间的相互融合不断改变着企业、政府处理计算资源的方式和人们认知与使用计算机技术的方式，平板电脑、智能手机等移动终端开始出现并广泛应用在各个领域。我国在"十二五"规划中明确将新一代信息技术作为我国七大战略性新兴产业之一，新一代信息技术包括下一代通信网络、物联网、三网融合、新型平板显示、高性能集成电路和以云计算为代表的高端软件六个方面。其中，与通信业有关的是宽带网络、新一代移动通信（即 TD-LTE 及其后续标准 4G）、下一代互联网核心设备和智能终端、三网融合、物联网等。

产业互联网的迅速发展，对通信网络、新技术、算力等有了更高的要求，对新型基础设施的需要异常迫切。同时，紧随新一代信息技术的发展，数字经济成为新一轮产业和技术革命的关键因素，如何利用数字经济抢占第四次工业革命的制高点是我们必须考虑的问题。一些信息基础设施已在现实需要中崭露头角，如中国联通联合苏州畅行智能运用"5G无人物流车"发挥了重大作用；中国移动通过5G+VR（虚拟现实技术）上线"樱花树下·爱和希望"大型直播活动。如何使信息基础设施进一步释放其促进经济增长的作用，以及如何满足人民的需求，在一定程度上倒逼信息基础设施加大加快建设步伐。例如，2020年一季度信息传输、软件和信息技术服务业增加值同比增长13.2%。中国移动携手华为使5G信号直接覆盖珠穆朗玛峰顶端，"5G上珠峰"专项行动圆满完成，标志着中国5G基站建设迎来又一个里程碑。2020年4月10日，国家发展改革委、中央网信办印发的《关于推进"上云用数赋智"行动　培育新经济发展实施方案》提出：支持打造"研发＋生产＋供应链"的数字化产业链，支持产业以数字供应链打造生态圈，构建"生产服务＋商业模式＋金融服务"跨界融合的数字化生态。

可以说，由于各种现实和发展的需要，信息基础设施进一步深化，发展到目前我们所说的涵盖5G、工业互联网、人工智能、大数据，基于新一代信息技术演化生成的基础设施。当然，随着信息基础设施的进一步发展、落地，数字经济的优势逐渐显现，信息基础设施将会进一步自我更新换代，不断适应新的现实需要。

第二节

融合基础设施

融合基础设施作为新基建的另一个重要组成部分，它的"新"一方面表现在助推传统基础设施转型升级；另一方面也表现在多领域、多种类、各主体、全要素的融合，对我国全面深化各领域数字化转型、发挥数字经济的新引擎作用具有重大意义。

国家发展改革委指出，融合基础设施，主要指深度应用互联网、大数据、人工智能等技术，支撑传统基础设施转型升级，进而形成的融合基础设施，比如，智能交通基础设施、智慧能源基础设施等。融合基础设施对传统基础设施的转型升级，是通过对传统产业进行数字化、智能化改造，使数据成为新的生产要素，为数字经济发展提供技术保障和实现手段。相对于传统基础设施，建立在融合基础设施之上的智能制造，通过大数据分析和智能化检索，可以发现潜在客户和原有客户的潜在需求，为客户创造新的需求，并在一定程度上通过数据共享解决企业生产经营活动中原本的信息不充分、不对称问题。同时，通过信息技术积极使城市管理更加精细化，使新时代环境下智慧城市建设路径更加清晰。

融合基础设施

特点	两大基础设施	代表
深度应用互联网、大数据、人工智能等技术，支撑传统基础设施转型升级，进而形成融合基础设施	智能交通基础设施	城际高铁及城际轨道的自动化、电气化、信息化等，基础设施监控体系、智能化的路网运行感知体系如车路协同建设、公路信息化、高速路 ETC 联网等
	智慧能源基础设施	与能源基建相结合的信息化、智能化建设

在智慧交通方面，2020 年 4 月，百度联合湖南长沙展现智能交通发展成果，向公众免费开放百度自动驾驶出租车，市民通过手机操作就可以亲身现场体验无人驾驶技术。同时，百度在湖南长沙实行百度"ACE 交通引擎"，借助大数据、云计算、人工智能等手段引导自动驾驶、车路协同，可以实时感知、瞬时响应、智能决策，构建现代化智能交通体系。在智慧城市建设方面，科大讯飞作为人工智能语音界的领军企业，联合安徽省铜陵市开展"城市超脑计划"试点，在城市管理、交通、服务、教育、医疗等各方面运用"人工智能＋"，使城市治理效率显著提高。一组数据显示，原先依赖于人工，全市每起事件的平均处理时间需要 3—4 天之久，每月最多处理 100 余起事件，而城市超脑试运行后，每起事件的平均处理时间降低到不足 1 天，每月平均可处理 1000 余起事件，效率为原先的十倍。可以说，随着数字技术的日益成熟，它的应用场景会日渐增多，

铁路、公路、机场等传统基础设施经过升级改造也会变得越来越智能化和自动化，与数字技术的结合也会越来越紧密。随着数字技术的发展，新基建与传统基建以后将会融合得越来越多，进入深度融合阶段，界限也会逐渐模糊，将共同服务于经济的长远、健康发展，持续提升人民生活水平。在对传统产业进行转型改造升级的过程中，信息基础设施是融合基础设施发展的核心，融合基础设施建设需要借助新技术推动行业基础设施的升级，以适应传统行业数字化、网络化、智能化的发展要求，并使其本身具备感知、连接、存储、计算能力的行业共性信息基础设施能力。但由于我国在新基建中还存在硬件产品制造能力和产品质量与人民需求存在较大差距、科技创新能力的软件设计存在不足等短板，容易出现设施配置不到位、数据采集难度大、缺乏自主可控的数据互联共享平台等情况。这种情况往往导致信息技术与实体经济融合不够深入，融合基础设施发展存在现实障碍，数字经济发展受到制约。

如何补上短板，消除融合基础设施和数字经济发展的障碍，使促进融合基础设施建设重要环节的数据成为新的生产要素，并进入生产过程转换成有价值的产品是我们要解决的问题。生产要素的形态是随着社会经济的发展不断变化的，"政治经济学之父"威廉·配第300多年前提出了"劳动是财富之父，土地是财富之母"的著名论断。劳动和土地在当时的社会条件下是作为生产要素存在的。随着社会的发展，工业革命后，资本、知识、技术和管理成为新的生产要素。随着新一轮科技革命和产业革命的发展，人类社会进入数字社会，数字技术和人们生活的关系日益紧密，数据也逐渐成为新的战略资源和生产要素，可以有效促进生产力的发展，创造新的价值，促进数字经济快速发展。对此，2017 年 12 月 8 日，习近平总书记在十九届中央政治局第二次集体学习时指出："要构建以数据为关键要素的数字经济。"2020 年 3 月 30 日，中共中央、国务院印发了《关于构建更加完善的要素市场化配置体制机制的意见》，将数据作为与土地、劳动力、资本、技术并列的生产要素，要求"加快培育数据要素市场"。

数据作为生产要素是区别于其他生产要素的，但数据要素不是单独存在的。数据能否成为生产要素，主要是由数据收集、存储、计算、分析及开发利用的能力决定的。也就是说，数据必须经过大数据技术进行处理转换后进行生产，才能成为有价值的数据。而大数据的处理要通过各种支撑实体经济运行的数字化基础设施。我们熟知的云计算、人工智能、大数据、物联网、区块链技术为数字经济发展提供了必要的技术保障和实现手段，使数字化基础设施不断发展。融合基础设施充分利用数字技术助力升级传统基础设施的过程，就是通过将数据转化为生产要素并最终成为有价值的数据，创造经济效益的过程，是发展新基建、释放新动能的必然要求。通过大数据、云计算、物联网等数字技术，对产业链进行改造，在线处理事务更加方便，决策更加智能。如智慧新能源方面，煤焦化行业，运用传统方式对焦煤进行质量检测需要 1 天以上，通过新技术改造升级，华为云工业智能体可以在进行质量检测时实时预测，每百万吨可节省成本约 1000 万元。如今，为了解决燃气行业传统模式作业效率低、现场管控弱、运营成本高等难题，腾讯云和深圳燃气集团达成战略合作，通过搭建混合云平台，推进燃气数字化转型升级，从根本上实现提质增效。可以说，发展融合基础设施，促进数字经济发展，可以更好地推动我国新旧动能转换、促进经济转型，更好满足人民生活需要。

融合基础设施不仅是某一项信息技术与传统基础设施的简单叠加，更重要的是紧紧围绕行业需求，通过打造高效的云计算能力和数字技术，加强传统基础设施的智能化和数字化改造，进一步挖掘传统基础设施的服务能力，从而实现服务智慧化和管理网络化，拓展服务空间范围，提高社会运行治理能力，重构服务供给与公共管理的关系。这就涉及融合基础设施的另一个"新"，即在重构服务供给和公共管理过程中，是需要各部门、各领域、各行业、各主体、各要素的深度融合的。因其跨行业、跨领域的属性，融合基础设施在建设的过程中可能会涉及财政、交通、人力、生态、城管、发展改革委等各个主管部门，需要跨部门进行统筹协调；同时也会涉及城市和农村统筹推进，中部、东部、西部协调发展等跨领域合作，还会涉及投资、财税、金融、人才的分配与运用，特别是会涉及政府与企业及各社会组织的协调发展。在实施过程中，要坚持以市场为主体，充分发挥政府主导作用，调动多方积极参与。在坚持市场化运作的过程中，不能像传统基础设施建设一样依靠政府的力量，而应该在投资方面，推动政府和社会资本合作，广泛吸引社会资本参与，充分发挥市场在资源配置中的决定性作用，拓宽融资渠道。在技术创新方面，积极鼓励市场主体特别是前沿科技企业参与技术研发和创新。2020 年 4 月 20 日，阿里云宣布未来 3 年再投 2000 亿元，用于云操作系统、服务器、芯片、网络等重大核心技术研发攻坚和面向未来的数据中心建设。现在，越来越多的企业融入建设当中，为融合基础设施建设注入新的市场活力和发展动力。融合基础设施和传统基础设施不是排斥对立的，而是相互融合的，随着数字技术的发展，必将从初步融合走向深度融合，对我国全面发展各领域数字化技术、促进数字经济发展发挥重大作用。

第三节
创新基础设施

创新基础设施作为新基建第三个重要组成部分，其"新"之处主要是以科学研究和重大创新为主，更加凸显科技创新在建设社会主义现代化国家中的作用，具有鲜明的导向性和指向性。

国家发展改革委指出，创新基础设施主要是指支撑科学研究、技术开发、产品研制的具有公益属性的基础设施，比如，重大科技基础设施、科教基础设施、产业技术创新基础设施等。将创新基础设施纳入新基建，一方面，是对我国前期科研基础设施建设的明确和承认，是对国家原有科研领域创新方针政策的进一步延续。也就是说，我国并不是在新基建站上风口以后才开始大力发展创新基础设施，对于科研领域的创新是我国一直在做的事情。2013年，国务院印发的《国家重大科技基础设施建设中长期规划（2012—2030年）》强调，"十二五"期末要实现重大科技基础设施总体技术水平基本进入国际先进行列，物质科学、核聚变、天文等领域的部分设施达到国际领先水平。2016 年，国家发展改革委印发的《国家重大科技基础设施建设"十三五"规划》指出，重大科技基础设施投入运行和在建设施总量 55 个左右，基本覆盖重点学科领域和事关科技长远发展的关键领域。可见我国一直非常重视科研领域的创新，并为科技创新提供各种机会。2020 年将创新基础设施纳入新基建范围，具有鲜明的导向性和指示性，显示国家对科研领域的创新更加重视。另一方面，创新基础设施与我国建设科技强国有着密不可分的关系，将创新基础设施纳入新基建体现了国家对科技创新的充分信任和希望。只有加大科研领域的创新，才可能在某些领域出现"国之重器"，从而在世界上处于领先地位。现在的世界竞争更多的是科技方面的

创新基础设施

特点	三大设施	代表
指支撑科学研究、技术开发、产品研制的具有公益属性的基础设施	重大科技基础设施	为提升探索未知世界、发现自然规律、实现科技变革的能力，由国家统筹布局、依托高水平创新主体建设、面向社会开放共享的大型复杂科学研究装置或系统，是长期为高水平研究活动提供服务、具有较大国际影响力的国家公共设施。目前，我国已经规划布局建设 55 个国家重大科技基础设施
	科教基础设施	教育、科学技术领域的投资，如研发装置、实验室等
	产业技术创新基础设施	与产业相结合的创新基础设施建设，如科技产业园区、产品研制等

竞争，更多的是核心科技、顶尖领域的创新，在新一轮科技革命和产业革命中，科研领域创新扮演着十分重要的角色。正如习近平总

书记 2018 年 10 月 31 日在十九届中央政治局第九次集体学习时所强调的：人工智能是新一轮科技革命和产业变革的重要驱动力量，加快发展新一代人工智能是事关我国能否抓住新一轮科技革命和产业变革机遇的战略问题。如今我国某些领域的科技创新不断步入"深水区"，相应地对创新基础设施提出更高的要求。无论是现实还是未来，将创新基础设施纳入新基建范围会极大地推动基础研究、前沿科技、企业科技创新和成果转化、国际科技合作等。

创新基础设施有力支撑了科学技术研究。在创新基础设施中，重大科技基础设施涉及众多领域，在科技创新和经济发展中有着巨大的引领作用。重大科技基础设施是突破科学前沿、解决经济社会发展和国家安全重大科技问题的物质技术基础。我们国家一直将重大基础设施的发展作为重中之重，《科技部、财政部关于加强国家重点实验室建设发展的若干意见》明确指出：到 2020 年，实验室总量保持在 700 个左右。其中，学科国家重点实验室保持在 300 个左右，企业国家重点实验室保持在 270 个左右，省部共建国家重点实验室保持在 70 个左右。除国家大力支持发展外，各地方政府也大力推进科研领域创新发展，如青岛市在重大科技基础设施方面，有国家级大科学装置"科学"号海洋科学综合考察船；全市拥有国家发展改革委批复的国家工程研究中心 6 家、国家地方联合工程研究中心 27 家、国家企业技术中心 41 家，科技部批复的国家重点实验室 9 个、国家工程技术研究中心 10 家。

如果说重大基础设施在创新基础设施中有不可替代的优势，那么科教基础设施则为科学研究和人才培养发挥了重大作用，特别是在一些特殊领域布局建设的重大科研基础研究方面。加大科教基础设施建设，不仅为科技创新提供必要的人才，为人才的培养提供必要的基础条件，更为加快新基建发展，促进国家经济转型升级，释放经济发展新动能提供了重大基础。为了促进国家科技基础设施建设，国家发展改革委支持中国科学院声学研究所等 4 个单位进行"十三五"科教基础设施项目建设。截至 2019 年底，中科院"十三五"科教基础设施重点建设项目共有 6 个获得国家发展改革委批复，还有两个院自主部署项目也已获得批复，涉及总投资 33 亿元，占所有"十三五"科教基础设施项目投资额度的 25%。

近年来，我们加大科学领域的创新，在科学研究领域取得了很多成果，如 2019 年长征五号"胖五"火箭顺利发射、成功复出；首艘航母"山东号"成功交付海军；5G 商用牌照正式发放；推动万物互联网的发展；等等。但也必须正视目前我国科技成果转化率较低的问题。此次，我们将产业技术创新纳入新基建也是基于这方面的考虑，希望通过孵化器、科技产业园、创新基地等各种形式的基础设施建设，提高我国科技成果向产业转化的水平，填充科学技术创新和市场转化应用之间的空白，促使我们的科技成果走出实验室，转化为真正的市场产品。如 2019 年，北汽集团斥资 20.5 亿元建成北汽新能源汽车试验中心，目的是实现自身研发体系的质的飞跃，促使产品创新更能适应消费者的需要、满足消费者的需求。目前，该试验中心是中国汽车行业唯一的国家新能源汽车技术创新中心，在国内处于领先地位，在国际上也具有重要作用。当然，产业技术创新的建设需要政府、企业、科研单位等多方力量协作，特别是要发挥企业的作用，增强企业的创新活力。2018 年全国科技经费投入统计公报表明，2018 年各类企业研究与试验发展（R&D）经费达到

15233.7亿元，比2017年增长11.5%。从2018年全国科技经费投入结构来看，企业科技经费投入占比高达77.4%。[①]对研发投入的高度重视，表明我国企业逐步转向创新驱动发展，新基建产业环境越来越好。

2018年中国科研经费支出情况

指标	数值	占比
全国基础研究经费	1090.4 亿元	5.5%
应用研究经费	2190.9 亿元	11.1%
试验发展经费	16396.7 亿元	83.3%

数据来源：前瞻产业研究院

创新基础设施建设的目标是服务数字经济产业的发展，不仅包括信息基础设施建设的数字产业化发展，也包括融合基础设施建设的对传统基础设施数字化的升级换代。如果说5G、物联网、工业互联网等更多的是指向应用层面，那么，创新基础设施则更多地偏向基础科技领域，发展创新基础设施是为了提高我国的原始创新能力，更好地突破重大科研关键领域，为我们建设创新型国家提供动力源泉。基础研究成果具有超前性，前沿基础研究是推动人类文明进步的内在动力。古往今来，人类文明的更迭，人类思想的解放，很多依赖于基础研究领域的重大拓展。20世纪相对论、量子力学、DNA模型的建立，极大地促进了人类文明的进步。基础研究是科学体系的源头，加快科技创新，必须把基础研究摆在突出的位置。2020年1月10日，李克强总理在国家科学技术奖励大会上的讲话中强调：

---

① 《2018年全国科技经费投入统计公报》，国家统计局网站2019年8月30日。

要筑牢基础研究这一科技创新的根基，创造更多"从0到1"的原创成果。我们一直鼓励支持基础研究，通过提升原始创新能力，使科技成果尽快转化为生产力。相关数据显示，"十二五"以来，我国基础研究经费投入持续增长，2019年基础研究经费达到1209亿元，比2018年增长10.9%。[①] 如今，基础研究服务于国家发展战略目标和经济社会发展的功能日益突出，加大创新型基础设施建设可以有力地支撑基础研究，促进科技创新，助力全面建成社会主义现代化强国。

信息基础设施是融合基础设施发展的核心，融合基础设施需要借助新技术推动行业基础设施的升级，以适应传统行业数字化、网络化、智能化的发展要求。创新基础设施是为信息基础设施、融合基础设施服务的，三者都是为了促进数字经济的发展，满足数字经济发展的需要，最终带动国家经济体系数字化和智能化水平全面提升，引发生产力和生产方式的重大变革，促进我国由工业社会迈向数字社会，建成社会主义现代化强国。总的来说，新基建是一个系统工程，包含的三个组成部分之间是相互联系、相互影响、不可分割的，在发展建设的过程中要相互配合、互为支撑，共同促进、整体协调发展。

---

① 《科技部：2019年我国基础研究经费同比增长10.9%》，人民网2020年5月10日。

第三章 新基建 路在何方

新基建是面向未来、具有前瞻性的战略布局，推动新基建发展、拥抱新基建红利可谓势在必行。但是，新基建怎么建？未来将如何发展？对此，国家发展改革委在 2020 年 4 月 20 日召开的例行新闻发布会上指出，下一步国家发展改革委将联合相关部门，深化研究、强化统筹、完善制度，重点做好四方面工作：一是加强顶层设计，二是优化政策环境，三是抓好项目建设，四是做好统筹协调。这为新型基础设施建设发展之路铺设了"地基"，指明了方向。

第一节
加强顶层设计

顶层设计本是一个工程学术语，在"十二五"规划中开始提出，逐渐成为我国的政治名词。它强调的是运用系统论的方法，从全局的角度，对建设的各方面、各层次、各要素进行统筹规划、确定目标、制定战略、提出指导意见，以便高效快捷地实现目标。

基础设施建设周期长、成本高、收益慢，只有先行一步，提前做好顶层设计，才能捷足先登，优先占据市场，有效满足未来快速增长的市场需求。过去几年，我国抓住数字化变革机遇，综合施策，出台了《国家信息化发展战略纲要》《"十三五"国家信息化规划》《"十三五"国家战略性新兴产业发展规划》等重要文件，制定了大数据、网络强国、数字中国等国家战略，针对物联网、云计算、工业互联网、人工智能等领域出台了专门意见，加强了信息网络基础设施建设方面的顶层设计和统筹规划，推动信息网络基础设施建设取得了一系列进展。2019 年底，我国已建成技术性能领先的固定光纤宽带网络，4G 网络和窄带物联网网络覆盖规模达到全球第一，5G 网络正在加速部署中，为 5G 的投入运营和用户流量的消费倍增打下了坚实的基础。

对于新型基础设施，国家发展改革委在 2020 年 4 月 20 日召开的例行新闻发布会上首次明确了其包括信息基础设施、融合基础设施和创新基础设施，而且表示，伴随技术革命和产业变革，新型基础设施的内涵、外延也不是一成不变的。可见，新型基础设施内涵丰富，范围广泛，对应着更大的投资需求和消费需求，是发展数字经济的重要支撑，是实现中国经济高质量发展的重要引擎之一。但总体上看，新型基础设施仍然属于新事物，其建设还处于一个探索发展阶段，在发展的过程中还存在诸多短板和不足。加强顶层设计，研究出台推动新型基础设施发展的有关指导意见，就显得尤为重要。

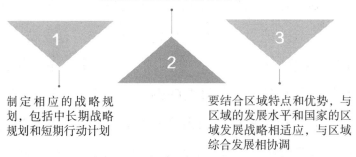

首先，制定相应的战略规划，包括中长期战略规划和短期行动计划。规划是行动的先导，是建设的蓝图。规划得当，新型基础设施建设就能少走弯路。新基建能够起到扩大需求、稳定增长的作用，但现在新基建的投资体量总体还比较有限，对于促进经济高质量发展的拉动作用，还需要逐步释放。因此，对新基建的布局，既要做好短期项目建设计划，把被压制的需求释放出来，激发经济活力，又要立足长远，聚焦激发经济高质量发展的内生动力，从构建新的产业生态、促进消费升级、推动经济转型发展等大方向进行政策规划，立足于提升我国在数字经济方面的国际竞争力。具体制定规划时，问题和需求两手都要抓，两手都要硬。一方面，要"以问题为导向"，致力于解决我国长期存在的短板和不足，如操作系统、数据库等基础软件创新能力不足的问题，大数据、人工智能、数字经济、智慧系统等领域核心和关键模型、算法能力不足的问题；另一方面，要"以需求为导向"，根据行业需求和消费需求进行统筹规划，对成本和收益提前进行评估，择优支持，确保成本和投资风险在可承受的范围内，力争获得投资综合收益最大化。

其次，构建科学的制度体系，这是新基建发展的题中应有之义。新基建的未来之路要有与其相适应的制度体系作为支撑。新型基础设施仍然属于基础设施，具有公共物品属性，必须有相应的制度规范，进行制度的创新，解决制约经济高质量发展的制度性瓶颈，使新型基础设施的投资和建设更有效率，发展效能更好。20世纪20年代，美国政府强制推行工业产品度量体系，规定了各种产品零配件的标准化尺寸，这一制度措施为日后的福特制大规模生产奠定了基础，美国在第二次世界大战期间的大规模武器制造和战后黄金三十年的繁荣，都与这一制度体系有着直接的关系。与传统工业产品相比，新型基础设施更加复杂，构建科学的制度体系，形成统一的标准和规范会更加困难。但只有强化标准体系建设，形成一套科学的制度规范，才能引领新基建的未来发展。比如，在准入方面，要在数据中心、云计算等领域建立牌照许可标准；在监管方面，5G 垂直行业应用、人工智能应用等领域要建立科学的审批和技术认证标准；在建设方面，新型基础设施承载海量数据，而且数据类型多样，来源众多，这就需要在数据接口、数据安全、数据归属、数据交换等环节制定统一的规范，着力解决数据融合、数据共享和数据安全方面的重点问题。事实上，在重点行业、重点环节和重点问题上建立统一的标准和规范，必将有利于形成一套科学的制度体系，为新基建创造良好的发展环境。

最后，要结合区域特点和优势，与区域的发展水平和国家的区域发展战略相适应，与区域综合发展相协调，尤其要避免"大水漫灌"和"蜂拥而上"。2020 年政府工作报告提出："加快落实区域发展战略。继续推动西部大开发、东北全面振兴、中部地区崛起、东部率先发展。深入推进京津冀协同发展、粤港澳大湾区建设、长三角一体化发展。推进长江经济带共抓大保护。编制黄河流域生态保护和高质量发展规划纲要。推动成渝地区双城经济圈建设。"对新基建进行顶层设计时，要站在国家经济社会发展和区域发展战略的大背景下进行谋划，使地方新基建的发展目标与区域发展战略相适应，并能够促进区域发展，防止出现因与区域发展不相适应而造成的新型基础设施过度闲置的问题。新型基础设施建设，不仅需要战略和政策支持，还需要地区本身有良好的制造业集聚基础，有一定的互联网融合发展优势。因此，在进行区域布局时，可首先考虑产业和互联网基础较为稳固的地区优先发展，形成试点示范，这样不仅能够保证更好的投资效益，而且有利于形成一套先进的发展经验，供

现有公开新型基础设施项目各区域占比

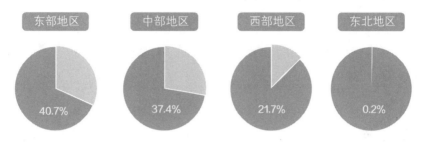

东部地区	中部地区	西部地区	东北地区
40.7%	37.4%	21.7%	0.2%

注：香港、澳门、台湾地区除外，黑龙江、吉林、湖北、青海、西藏无公开数据

数据来源：赛迪产业大脑

其他区域参考借鉴。空间土地资源是新基建的制约因素，进行区域布局必须考虑区域的土地资源以及资源环境承载能力。比如，信息基础设施中 5G 建设的站址资源是否有保障？融合基础设施需要在传统空间资源上增加融合信息技术，这个过程所需的空间土地资源是否到位？是否在资源环境的承载范围内？新基建与生态文明建设不仅不能相互挤兑，还要能够相互促进，共同发展。

第二节
优化政策环境

良好的政策环境对提高新型基础设施的长期供给质量和效率，促进新兴行业持续健康发展具有重要作用。2020 年以来，新基建在中央会议中被反复提及、密集部署，工业和信息化部、国家发展改革委、交通部等部委也持续出台政策加码新基建，地方推进新基建的动作也很明显，这说明优化政策环境将是未来发力新基建的重要举措。

优化政策环境

国家要实施积极的财政政策，加快出台配套措施，对新基建给予针对性的财政、金融政策支持	政府还需在创新投融资方式上制定政策，有效调动民间投资积极性	制定相应的产业政策，促进新基建产业发展

发展新基建，首先要解决资金从哪里来的问题，这就需要国家实施积极的财政政策，加快出台配套措施，对新基建给予针对性的财政、金融政策支持，为新基建发展创造良好的政策环境。2020年政府工作报告指出，"积极的财政政策要更加积极有为"，这必将惠及新基建的发展。在投资方面，2020年1月3日，国务院常务会议要求，"要大力发展先进制造业，出台信息网络等新型基础设施投资支持政策，推进智能、绿色制造"。当前，全球经济面临衰退，在出口受阻、消费抑制的情况下，投资将成为拉动经济的主要驱动力。推进新型基础设施建设符合供给侧结构性改革的要求，对我国经济转型升级和高质量发展具有重要作用，将会成为今后一段时间的投资重点。2020年5月22日，李克强总理在2020年政府工作报告中对下一阶段工作进行了部署，其中就提到"扩大有效投资。今年拟安排地方政府专项债券3.75万亿元，比去年增加1.6万亿元，提高专项债券可用作项目资本金的比例，中央预算内投资安排6000亿元。重点支持既促消费惠民生又调结构增后劲的'两新一重'建设"。其中一"新"就是"加强新型基础设施建设，发展新一代信息网络，拓展5G应用，建设数据中心，增加充电桩、换电站等设施，推广新能源汽车，激发新消费需求、助力产业升级"。这充分说明中央政府在财政政策方面对新基建投资力度大、范围广、决心强。在减税降费方面，通过适度提高赤字率以支持减税降费。发展新型基础设施建设，有利于稳定总需求，提振企业信心，促进经济发展，从而税基逐渐扩大，财政赤字自然就得以缩小了。在广东省珠三角地区，税务部门通过全面落实减税降费等扶持政策，为企业充盈资金"活水"，促进了企业产能不断扩大，为新基建带来新订单。而且，企业资金压力减轻，就会有更多资金投入研发、生产设备和科研人才方面，将有利于促进新基建创新发展。

其次，政府还需在创新投融资方式上制定政策，有效调动民间投资积极性。传统的基础设施建设投资规模大、回收周期长，而且公益性成分高，基本以国家预算资金为主。但是新基建科技含量高、创新性能强、技术更迭快，像5G、工业互联网、人工智能等领域普遍强调投资收益和产出，这就要求政府制定相应的政策，遵循市场规律，发挥民间投资的作用，让更多的市场主体参与进来，形成多元化的投融资体系。2020年3月4日，中共中央政治局常务委员会会议提出："加快5G网络、数据中心等新型基础设施建设进度。要注重调动民间投资积极性。"这表明，新基建不能仅仅依靠政府的投资，必须创新投融资方式，拓宽融资渠道，推动政府和社会资本合作融资，有效调动民间投资积极性，慎防政府投资对民间投资的挤出效应，提高资金利用效率。政府的投资更多起到的是引领趋势的作用，由此创造广阔空间吸引民间资本投入，能够充盈经济社会的发展活力，更好地惠及民间资本。新型基础设施建设和发展的核心问题在于技术创新，吸引民间科技资本参与，可以调动民营科技企业参与新型基础设施建设的积极性和主动性，像华为、阿里巴巴、腾讯等企业都是新基建的深度参与者，这十分有助于提升新型基础设施的技术水平和竞争力。需要注意的是，在具体实施的过程中，各地区需要做好需求预测工作，按照需求进行合理规划、加强统筹协调，避免资源错配。各地区要结合自身的经济基础和产业发展状况，引导市场主体理性投资，一方面避免投资过热和重复建设，另一方面杜绝无效或者低效投资，尽可能避免产能闲置和投资浪费，最大程度地提高资金利用效率。

最后，要制定相应的产业政策，促进新基建产业发展。2020年4月1日，习近平总书记在浙江考察时再次强调："要抓住产业数字化、数字产业化赋予的机遇，加快5G网络、数据中心等新型基础设施建设，抓紧布局数字经济、生命健康、新材料等战略性新兴产业、未来产业，大力推进科技创新，着力壮大新增长点、形成发展新动能。"这充分说明培育新模式、新业态、新产业的必要性和紧迫性。5G等网络业务如远程医疗、远程签约、线上办公、线上教学、线上答辩，为人们的生产生活提供了极大的便利。还有一些国际性会议，如世界卫生大会开幕式、二十国集团领导人特别峰会等，都使用了数字基础设施。这些新型基础设施，将技术转化为生产力，为经济社会秩序恢复提供了重要保障。新业态和新型消费模式会延续下去，如直播购物、网络游戏、"无接触"配送、5G消费、智能家居消费等，这些新型消费模式多与互联网有关，会进一步引发行业发展变革。因此，政府要出台相应的配套政策，助推新兴产业良性发展。2020年3月29日，《广州市黄埔区、广州开发区、广州高新区加快"新基建"助力数字经济发展十条》推出，这是全国首个区县级新基建产业政策，形成了重奖新基建高端项目和人才、强化新基建底层技术支撑、发展新基建新业态新模式、探索新基建制度创新四大亮点，为各地发展新基建制定产业政策提供了参考和借鉴。具体来说，政府要以产业政策为引导，大力支持5G基站、新能源汽车充电桩、人工智能、工业互联网、大数据中心等新型基础设施建设，对新基建企业所需土地、厂房、人才等要素予以充分保障；要修订完善有利于新兴行业持续健康发展的准入规则；要加快出台

全国首个新基建产业政策四大亮点

《广州市黄埔区、广州开发区、广州高新区加快
"新基建"助力数字经济发展十条》

重奖新基建高端项目和人才

强化新基建底层技术支撑

发展新基建新业态新模式

探索新基建制度创新

新型基础设施建设、运营和管理方面的法律法规和管理办法；要加强安全监管，加快网络安全产业升级，制定安全基建的国家标准，确保平台安全和数据安全，通过制定诸如此类的产业政策，为新兴行业发展创造良好的政策环境，新基建才能飞得更高、更稳、更远。

抓好项目建设

　　加强顶层设计为推进新基建提供了指导，优化政策环境为新基建发展创造了良好的氛围，接下来，就要把规划和政策落实到具体项目中，抓好项目建设，谋划新型基础设施建设项目，加快新型基础设施建设进度，推动新型基础设施高质量发展。

　　2020 年以来，中央会议多次强调新型基础设施建设，为抓好新型基础设施项目建设释放了强烈的信号。在各地公布的 2020 年度重点基础设施项目投资计划中，很多省份部署了新基建推进项目。赛迪顾问收集分析的 26 个省区市情况显示，安徽、广东、江苏的新型基础设施项目数绝对量较大，分别达到 280 项、165 项、109 项；河北、山东、广东的新型基础设施数量占比较高，分别达到 43.5%、35.0%、34.1%。5 月以来，地方新政频发，新基建项目的投资和落地力度持续加大。2020 年 5 月 7 日，《上海市推进新型基础设施建设行动方案（2020—2022 年）》正式发布，初步梳理了未来

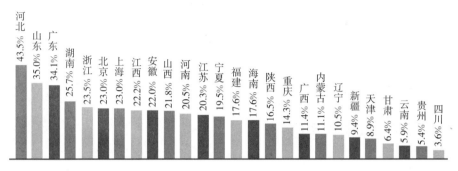

各省区市新基建项目在重点基础设施建设中的占比情况

注：香港、澳门、台湾地区除外，黑龙江、吉林、湖北、青海、西藏无公开数据（数据截至2020年4月20日）

数据来源：赛迪产业大脑

三年实施的第一批48个重大项目和工程包，预计总投资约2700亿元，并明确了具有上海特色的新基建四大重点领域——以新一代网络基础设施为主的"新网络"建设，以创新基础设施为主的"新设施"建设，以人工智能等一体化融合基础设施为主的"新平台"建设，以智能化终端基础设施为主的"新终端"建设。2020年5月8日，广东省广州市举办首批数字新基建重大项目签约及揭牌活动，当天签约73个项目，总投资规模约1800亿元。由此可见，在中央政策的引导下，各地都在紧锣密鼓地谋划部署新型基础设施建设，5G、云计算、人工智能、大数据等项目建设将迎来战略机遇期。

2020年3月4日，中共中央政治局常务委员会会议强调，"加快5G网络、数据中心等新型基础设施建设进度"。2020年4月29日，中共中央政治局常务委员会会议再次强调，"要启动一批重大项目，加快传统基础设施和 5G、人工智能等新型基础设施建设"。2020 年 5 月 6 日召开的国务院常务会议提出，"加快推进国家规划已明确的重大工程建设，用好已下达的中央预算内投资和地方政府专项债，尽快形成实物工作量"。这充分说明中央高度重视加快新型基础设施建设进度。"加强新一代信息基础设施建设"，在 2019 年政府工作报告中就已明确指出。2020 年初，新基建进度受到影响，但人们发现，高效的物流运转体系像水电气一样成为城市的"基础设施"，人们看到了企业数字化供应链的重要作用，感受到 5G 等多种新兴技术所带来的效率提升，这为发展新基建带来了更大的机遇。随着复工复产，人们恢复正常的生产生活，新基建加速推进成为必然。各地正开足马力加快新型基础设施建设施工进度，不断壮大经济发展新动能。

加快新基建，一定要从战略高度上认识新基建的必要性和紧迫性。信息时代，得数字化者得先机。数字化是经济高质量发展的驱动力，加快推进新型基础设施建设进度，符合新发展理念，有助于新技术的创新落地，有助于新需求的激发释放。同时，我们也必须认识到，我国当前数字经济发展处于起步阶段，市场需求仍在培育之中，新型基础设施与市场需求之间存在供大于求的现象是正常的，不能因此而放慢建设步伐。新型基础设施具有很强的科技性、创新性和赋能性，其建设不是一蹴而就的，而是逐渐摸索的，如果等到市场需求涨起来再开始布局谋划，就已经丧失了发展的主动权和先进性。新基建积极效应的释放，有一个积累积蓄的过程，需要着眼长远算大账、久久为功谋长效，主动作为，提前布局，加快推进。

抓好新型基础设施项目建设，不仅要看速度，还要把好质量关，促进新型基础设施高质量发展。历史经验表明，过分追求速度容易造成对质量的忽视，发展应该是又好又快的，推进新型基础设施项目建设也应如此。2020 年 3 月 21 日，国务院联防联控机制就重大投资项目开工复工有关情况召开新闻发布会，国家发展改革委基础司副司长郑剑在答记者问时表示，"中央全面深化改革委员会已经审议通过了推进基础设施高质量发展的意见"，"对于新型基础设施，下一步要加快推动高质量发展"。可以看到，抓好新型基础设施建设项目，必须保证和推动高质量发展。

抓好项目建设

尊重市场规律，顺应发展规律，按规律办事

加强技术创新。创新关键技术是新基建不断演化发展的重要支撑

发挥数据赋能作用，深度应用互联网、大数据、人工智能等技术，稳步推进传统基础设施的"数字 +""智能 +"升级，提升传统产业整体发展水平

完善新基建管理和服务体系，强化重点建设项目调度服务，对重点项目派驻联络员，做好精准帮扶

首先，尊重市场规律，顺应发展规律，按规律办事。新型基础设施与市场需求之间存在供大于求的现象，新基建的发展面临着更大的市场不确定性，这对政府和企业提出了更高的要求，要更敏锐地感知需求信号，主动顺应市场变化。各地要立足于发展实际和需求增长情况，做好新基建项目的需求分析，进行周密规划和科学测算，坚持问题导向、目标导向，从解决当前中国经济社会发展面临

的最迫切问题入手，立足经济、适用、先进、高效，向广大人民群众提供用得起、用得好的设施与服务。

其次，加强技术创新。新型基础设施建设是一项推动经济社会转型发展的系统工程，创新关键技术是新基建不断演化发展的重要支撑。各级政府要加大技术研发投入，深入对接国家科技创新2030重大项目和国家重点研发计划，组织实施一批重大研发任务，在进行硬件建设的同时，大力开发应用软件。继续发展在线教育、网络诊疗、无人配送等新业态、新模式，鼓励复合式、多元化创新。一方面，发挥企业的作用，引导企业围绕产业建设推动创新，加强大数据、云平台建设，推进人工智能、混合现实等技术研究，实现技术供给、新型基础设施建设与市场应用协调发展；另一方面，发挥高校和科研院所的优势，通过校企合作联合攻关，突破新基建关键技术，着力打造新基建技术竞争新优势。

再次，发挥数据赋能作用，深度应用互联网、大数据、人工智能等技术，稳步推进传统基础设施的"数字+""智能+"升级，提升传统产业整体发展水平。新基建以推动数字经济发展为核心，要加速构建以数据为关键要素的融合性基础设施，如智能交通基础设施、智慧能源基础设施，以数据的畅通流动和开放共享，催生数字经济新模式、新业态、新产业。同时，超前部署创新基础设施，如重大科技基础设施、科教基础设施、产业技术创新基础设施等，用于支撑科学研究、技术开发和产品研制。

最后，完善新基建管理和服务体系，强化重点建设项目调度服务，对重点项目派驻联络员，做好精准帮扶。政府应搭建平台、整合资源、做好服务，强化用工、用地、用能等要素保障，协调供应链上下游企业联动协同，采取多种措施打好"组合拳"，为推进新型基础设施项目建设创造最优环境，最大程度激发企业创新创业的积极性，为抓好项目建设保驾护航。

第四节

做好统筹协调

在做好统筹协调方面，国家发展改革委在 2020 年 4 月 20 日召开的例行新闻发布会上指出，要"强化部门协同，通过试点示范、合规指引等方式，加快产业成熟和设施完善。推进政企协同，激发各类主体的投资积极性，推动技术创新、部署建设和融合应用的互促互进"。具体来看，可以从以下四个方面进行统筹协调。

做好统筹协调

统筹传统和新型基础设施发展　　统筹政府引导和市场主导　　统筹国内建设与国际合作　　促进新基建多领域融合发展

统筹传统和新型基础设施发展。新基建和传统基建并不是相互替代的关系，也不是相互排斥，而是相互补充、相互支撑的。2020年2月14日，中央全面深化改革委员会第十二次会议指出："基础设施是经济社会发展的重要支撑，要以整体优化、协同融合为导向，统筹存量和增量、传统和新型基础设施发展，打造集约高效、经济适用、智能绿色、安全可靠的现代化基础设施体系。"从国家基建大局来看，统筹传统和新型基础设施发展，既要"老基建"的托底复苏，也要以新基建为主要推手，为经济发展注入新动能，通过"老基建"复苏、新基建加力，更好地助力经济发展与转型升级。一方面，新基建可以为传统基建注入新内涵和新活力。改革开放以来，我国举世瞩目的经济快速发展成就，在很大程度上得益于适度超前的基础设施建设。现在，我们面临发展不平衡不充分的问题，为适应新型城镇化建设、实施乡村振兴战略、调整优化产业布局等需要，传统基础设施改造升级势在必行。5月20日，国务院新闻办公室举行新闻发布会，工业和信息化部新闻发言人、信息通信发展司长闻库在答记者问时表示："目前工业互联网领域已有了超过70个具有一定区域和行业影响力的平台，在能源、交通、医疗等行业的应用深度和广度持续拓展，有效地提升了生产效率和质量，支撑传统产业数字化转型，提升传统产业竞争能力和整体发展水平。"另一方面，新基建需要传统基建打下的良好基础。随着新一轮科技革命和产业变革的加速推进，抢占未来优先发展制高点，必须加快新型基础设施建设，而这需要依靠传统基建的基础设施以及工程队伍的有力支持和广泛参与。因此，统筹传统和新型基础设施发展，既要对传统基础设施进行改造升级，又要加快新型基础设施建设。只有统筹好存量与增量、传统与新型基础设施建设，才能构建现代化基础设施体系，为我国经济高质量发展奠定坚实基础。

统筹政府引导和市场主导。新基建应按照"政府引导，市场主导"的原则，让市场发挥决定性作用，在此基础上更好发挥政府作用。新基建具有基础性、公共性和通用性等特征，需要政府进行顶层设计、政策引领和统筹规划，加强部署协调。比如，政府应进行项目规划，确定一批重大工程项目，明确目标任务和政策举措，制定指导意见，发挥财政政策的引导作用。同时，还要大力推进各个部门的数据联通，提升信息透明度，逐渐向市场开放共享，强化国有企业科技攻关责任，支持民营企业开发应用场景，调整优化相关制度，提升管理服务水平。要让市场这只"无形的手"，能够通过价值规律自主发挥调节作用。近年来，在市场机制的推动下，我国在新技术和新兴产业的发展上已经建立了比较好的基础。这更加说明，发展新基建必须尊重市场规律，鼓励不同主体运用市场机制开展合作，大力推动市场投资，鼓励企业敏锐把握市场和适应市场变化，充分发挥企业的创新能力。2020年，中国三大电信运营商预计在 5G 领域投资 1803 亿元。阿里云宣布，未来 3 年将投入 2000 亿元，用于云操作系统、服务器、芯片、网络等重大核心技术研发攻坚和面向未来的数据中心建设。在市场发挥主导作用的情况下，政府的重点工作应该是加快市场经济体制、营商环境方面的改革，不断探索创新投融资机制和监管方式，解决妨碍市场投资积极性的问题，同时考虑长期的经济和社会效益，注意严控风险。尤其是在当前经济下行压力加大的情况下，地方政府容易出现投资冲动，但是只要正确处理政府引导和市场主导的关系，就能充分激发市场活力，使资源得到更合理的配置，使新基建得到更好的发展。

新基建的原则："政府引导，市场主导"

政府引导　　　　　市场主导

　　统筹国内建设与国际合作。当前，我国经济外向型的特征越来越明显，中国开放的大门越开越大。在新型基础设施建设方面，在做好国内项目建设的同时，可以以更加开放的姿态，加强国际合作。新基建的几个重要领域，包括 5G 网络、数据中心、人工智能、工业互联网等，世界各国都在发力抢占技术高地、加快产业布局，合作才能实现共赢。一方面，要坚持"引进来"，不管是投资阶段，还是普及应用阶段，都要形成开放的市场格局，欢迎外国投资者参与，一些发达国家有先进的技术，加强同他们的深入合作，可以吸收他们的技术优势。中国搭建的合作开放平台，为新基建相关技术的国际合作提供了支持，如在 2019 年 11 月举办的第二届中国国际进口博览会上，高通公司展示了自己的新技术，而且表示将以产业合作者的身份，与包括中国合作伙伴在内的产业伙伴携手推动 5G 发展，这就是一个很好的合作机会。另一方面，我国的新基建企业也可以"走出去"，承担新基建任务的很多企业都是世界 500 强企业，不应局限在国内市场，应把眼光放得更为开阔，将国内的基础设施推向国外，特别是充分发挥"一带一路"建设沿线国家的联通作用，借助亚洲基础设施投资银行和已有国际合作项目的资源，让我国新基建项目更好地走出去。国内建设与国际合作相互促进，形成联动效应，有利于提升中国高端制造业的国际竞争力。

促进新基建多领域融合发展。2020 年 3 月 21 日，国务院联防联控机制就重大投资项目开工复工有关情况召开新闻发布会，国家发展改革委基础司副司长郑剑在答记者问时表示，"融合发展，就是要做好综合平衡和衔接协调，加强资源整合和共建共享，促进协同融合，提高资源要素配置效率。这当中主要以新型基础设施为牵引，推动传统基础设施优化服务和提升效能，未来将统筹推进更多智能交通、智能电网、智慧城市等项目建设，构建适应智能经济、智能社会发展需求的基础设施体系"。这充分说明，促进新基建多领域的融合发展是大势所趋。2020 年 4 月 20 日，国家发展改革委正式将融合基础设施列入新型基础设施范围之中。一方面，新基建各个领域本身就具有较强的融合性和联动性，比如，工业互联网能够深度融合新基建各领域建设成果，5G 是它的网络支撑，数据中心是它的重要载体，人工智能是它的关键技术。发展工业互联网，可以有效推动 5G、数据中心、人工智能等领域的融合共建，大幅提升新基建的整体建设成效。另一方面，新基建要与实体经济领域融合发展。2020 年 4 月 25 日，国务院联防联控机制召开新闻发布会，工业和信息化部信息技术发展司一级巡视员李颖在答记者问时提出，"培育壮大丰富的应用场景，推动新基建与制造、能源、交通、农业等实体经济各领域的融合发展"。随着新基建多领域的融合发展，融合基础设施与智慧城市相辅相成，信息技术赋能城市精细化管理，助推传统基础设施转型升级，人们一直向往的智慧生活将逐渐成为现实。

第四章 5G 成为 经济增长"新引擎"

　　世界新一轮科技革命和产业变革正在蓬勃兴起，中共中央和国务院密集颁布了关于新基建发展的相关政策。5G 作为第五代移动通信技术，是信息基础设施中最重要的部分。它通过培育新型消费、新模式、新业态、新产业和对传统产业数字化赋能等，给经济和社会发展带来深刻变革，是新基建的重点领域。目前，5G 领域的很多内容已逐渐从理论变成现实，但要最大程度释放 5G 带来的经济红利，必须推动 5G 在各行业领域的深度融合应用，推动经济社会数字化转型。

第一节

5G 时代应运而生

5G 是英文 5th generation mobile networks 的简称，是指第五代移动通信技术，是继 4G 系统之后的延伸。作为新一代移动通信技术，5G 成为各国战略争夺的焦点，未来将会应用在丰富的场景中，不断撬动世界的发展，对此，我们必须做好拥抱 5G 时代的准备。

每一次移动通信技术的变革都不是随便发生的，它既是为了弥补前一代移动通信技术的缺点，也是为了满足人们不断增长的通信需求。从 1G 到 5G，移动通信技术经历了跨越式发展。1G 被称为模拟通信时代，是基于模拟技术的蜂窝无线电话系统。1G 采用模拟信号方式进行传输，主要向用户提供模拟话音业务。2G 被称为数字通信时代，是基于用户通信需求的快速增长和 1G 模拟通信技术的缺陷而研发的新移动通信技术。20 世纪 80 年代后期，大规模集成电路、微处理器与数字信号的使用更加成熟，2G 时代随之到来。与 1G 相比，2G 采用的是数字调制，数字传输比模拟传输的传输速率更高、系统容量更大、保密性更强，并增加了文本传输和网络服务功能。3G 被称为无线宽带时代。进入 21 世纪，为了满足人们传输图片和视频等需求，3G 应运而生。3G 是指支持高速数据传输的蜂窝移动通信技术。与 2G 相比，3G 能够通过移动互联网为用户提供音频、视频、网页浏览、电子商务等多种服务，具备高速数据下载能力，而且 3G 实现了全球漫游，实现了人与人随时随地沟通交流。4G 被称为全面数字化时代。随着数据通信技术的快速发展和多媒体业务的海量需求，4G 应运而生，移动通信全面进入数字化时代。与 3G 相比，4G 综合运用了 3G 和 WLAN 的关键技术，拥有更快的传输速度、更宽的网络频谱、更好的兼容性、更高的通信质量等优点，可以满足用户高质量音频、图像及视频的多元化无线服务需要。

从1G到5G通信技术发展历程

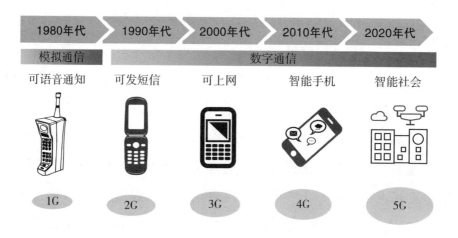

通信技术的升级对网络的传输速度提出了更高的要求，5G 应运而生。5G 并不是在 4G 基础上简单的通信技术升级换代，而是具有超可靠、超高速、低时延、海量连接、低功耗等优势，打破了信息

传输的空间限制，让万物互联成为可能。5G 持续向前发展需要统一的技术标准。第一版 5G 标准（R15）于 2018 年 6 月发布，成为 5G 发展进程中的重要标志性事件。2020 年 6 月冻结 5G 标准的第二个版本 R16 标准，R17 的标准化工作也将正式启动。在中国，2019 年 6 月 6 日，以工业和信息化部向三大运营商和中国广电发放 5G 商用牌照为标志，开启了中国 5G 商用元年，使 5G 应用有了良好的开端。2019 年 10 月 31 日，三大运营商宣布正式启动 5G 商用，5G 商用套餐也于 11 月 1 日正式上线，这标志着我国 5G 商用正式进入千家万户。5G 能够有效地将虚拟世界与现实生活进行联通，将技术转化为生产力，催生新业态，助力产业数字化发展，以 5G 为首的新基建确实是经济增长的新动力。国际咨询机构 IHS Markit 预测，到 2035 年，5G 将在全球创造 13.2 万亿美元的经济产出，产生 2230 万个就业机会。

正因为 5G 蕴含着巨大的经济效益，世界主要国家在经济发展、技术创新中都把 5G 作为重点，以便在争夺战中取得领先优势。美国联邦通信委员会（FCC）发布了"5G 加速发展计划"，提出了"跑步"进 5G 的口号。该计划主要包括：促进法规现代化，简化小基站审批的地方审批流程；促进基础设施建设，限制政府向无线运营商收取费用，鼓励他们部署 5G 基础设施，从而吸引更多私营部门参与 5G 网络建设。从世界范围看，韩国在实现 5G 商用上一马当先，将发展 5G 视为推动经济转型的基础。2019 年 4 月，韩国制定了"5G+ 战略"推进体系，包括建立设备领域的市场地位、支持基础产业和技术发展三个方面。欧洲尤其是西欧国家希望借助 5G 提振经济。2016 年，欧盟发布"5G 宣言"，着力打造以投资为中心的

5G 政策框架。2017 年底，欧盟形成了一致的 5G 技术路线图。2018 年 4 月，欧盟成立了工业互联与自动化 5G 联盟，意图通过该联盟使 5G 快速应用在工业生产领域。2019 年 5 月 30 日，英国电信运营商 EE 公司宣布，在伦敦、伯明翰、曼彻斯特等 6 个城市开通 5G 服务，并以每月超过数百个 5G 站点的速度建设网络，还将上线 AR/VR 游戏和直播类业务。

中国的移动通信经历了一个艰难的发展历程，从 1G 落后、2G 追随、3G 突破、4G 并跑到今天的 5G 领跑，取得今天的成就离不开国家的高度重视与科学的顶层设计。2020 年政府工作报告再次提出了"拓展 5G 应用"，这是 5G 第三次出现在政府工作报告中；2018 年和 2019 年中央经济工作会议提出"加快 5G 商用步伐"和"加强战略性、网络型基础设施建设"；2020 年 2 月 21 日和 3 月 4 日召开的中央政治局会议再次强调推动 5G 等新型基础设施建设，国家发展改革委在 4 月首次明确了以 5G 为代表的新基建的范围；工业和信息化部在 5 月印发了《关于推动 5G 加快发展的通知》，提出 5G 发展的五方面措施，全力推进 5G 工作，支撑经济高质量发展。这些政策说明了政府对 5G 发展高度重视，为未来 5G 建设凝聚了共识、明确了方向、提供了强有力的保障，5G 时代必将揭开中国数字经济发展的辉煌新篇章。不仅中国在紧锣密鼓地进行 5G 布局，其他国家也纷纷在激烈的竞争中争夺主动权。根据全球移动供应商协会（GSA）的统计，截至 2019 年底，全球 119 个国家和地区的 348 家电信运营商开展了 5G 投资，其中 61 家电信运营商已经推出 5G 商用服务。

我国5G通信系统发展阶段关键节点

2013年
2月,工业和信息化部、国家发展改革委和科技部支持产业界成立了IMT-2020(5G)推进组

2015年
10月,IMT-2020(5G)推进组、欧盟5G PPP、日本5GMF、韩国5G论坛以及美国5G签署了五方合作备忘录

2016年
1月,中国信通院正式启动5G技术试验;9月,IMT-2020(5G)推进组完成5G关键技术验证

2017年
6月,大唐电信集团建设的5G北京试验网正式启动;11月,工业和信息化部发布通知,正式启动5G技术研发试验第三阶段

2020年
5G商用

2019年
1月,工业和信息化部宣布2019年将在若干个城市发放5G临时牌照;4月,北京接通首个5G手机电话

2018年
1月,5G技术研发试验第三阶段规范正式发布;9月,IMT-2020(5G)推进组公布中国5G技术研发试验第三阶段NSA(非独立组网)测试已全部完成;12月,中国三大基础电信运营商5G频谱分配方案完成

5G的快速崛起,除了得益于全球多个国家制定了加速推进5G发展的战略,也与各国企业积极抢滩,突破关键技术有重大关系。以信道编码标准为例,美国高通推出了LDPC码,法国电信推出Turbo码,中国华为推出了Polar码,最终5G控制信道编码标准采用了华为主导力推的Polar码,这是中国在信道编码领域的首次突破,这一突破为5G的发展增加了助推力。除此之外,巨大的市场需求也是重要原因,5G将带来医疗、娱乐、安全等关联领域裂变式发展,以优质的产品和服务拉动社会的消费需求,推动供给侧结构性改革。以中国为例,中国5G市场前景广阔,到2025年,中国将占据全世界30%的网络连接,这意味着中国将是全球最大的5G市场。

更深入地理解5G的概念,还必须从5G网络架构和关键技术、安全框架、应用场景等多个角度进行分析。

从网络架构来看，1G 到 4G 都是封闭的网络架构，作为新一代移动通信技术，5G 属于一种开放性的网络架构，但是 5G 网络在接入网、核心网和上层应用方面整体延续了 4G 的特点。随着 5G 移动互联和移动物联产生了多样化的业务需求，5G 开始突破 4G，并对核心网和接入网中的关键技术进行了革新，这就是 2020 年中国信息通信研究院发布的《5G 安全报告》中总结的六大关键技术：服务化架构、网络功能虚拟化、网络切片、边缘计算、网络能力开放、接入网关键技术。

从安全框架来看，5G 包括两个方面。其一，网络本身通信安全由终端和网络组成。其二，上层应用安全。5G 继承了 4G 网络分层分域的安全架构，第三代合作伙伴计划（3GPP）5G 安全标准《5G 系统安全架构和流程》中规定：5G 与 4G 在安全分层方面完全一样；在安全分域方面，5G 比 4G 增加了服务域安全，所以 5G 比 4G 具备更强的安全能力：服务域安全，5G 通过完善服务注册、发现、授权安全机制及安全协议来应对全新服务化架构带来的安全风险；增强了用户隐私保护，5G 网络传送用户身份标识时会使用加密方式；增强了完整性保护，5G 网络加强了用户面数据的完整性保护，避免了用户面数据被篡改；增强了网间漫游安全，为了保护运营商网间的敏感数据，5G 网络提供了网络运营商网间信令的端到端保护；统一认证框架，5G 采用统一认证框架，能够融合不同制式的多种接入认证方式。因此，5G 在数据完整性、用户隐私、认证框架等安全需求方面，解决方案更加标准，安全保障机制也更完善。

从应用场景来看，5G 的网络能力较前几代移动网络有了飞跃式的提升，实现了移动网络向工业生产端的渗透，满足人们在多元化场景中的多样化业务需求，实现万物互联。2019 年国际电信联盟（ITU）根据 5G 在速率、连接数、时延等方面的指标，为 5G 定义了三种应用场景：一是增强型移动宽带（eMBB），主要是改进移动连接速率、峰值速率和用户体验速率，为客户带来流畅的体验。这就为需要更大数据流量的应用场景提供了支持，如影音娱乐、超高清视频、边缘计算等场景将会快速落地，也会促进流量资费的进一步下调，永远在线的应用场景将会出现。二是海量机器类通信（mMTC），它主要是提升连接密度，扩大连接容量。这种超高容量使人与人之间的通信拓展到人与物、物与物之间，满足海量物联网的通信需求，也是 5G 相对 4G 一个质的提升。三是超可靠、低时延通信（uRLLC），是指 5G 网络的时延大大降低，从而保障高稳定、高可靠性能的通信能力，这是 5G 另一项重要的革新，用户层面的时延控制在 1ms 之内，无须担心卡顿、延迟。

5G 改变社会

2019 年，我国《5G 应用创新发展白皮书》总结分析了 5G 在超高清视频、工业互联网、智慧医疗、车联网、智慧教育、智慧城市等十大重点领域的重大价值和应用现状。5G 不仅是网络性能的"倍增器"，更成为社会发展的关键动力与抓手。如果 4G 改变的是生活，那么 5G 将改变社会。

5G 赋能超高清视频，颠覆认知体验。全球主流电信运营商在 5G 网络商用后，纷纷将目光转向了超高清。超高清主要有 4K 分辨率和 8K 分辨率两种。5G+ 超高清视频将颠覆传统的视频播放方式，主要应用场景有：一是 4K/8K 视频直播，包括大型赛事、大型会议和大型演出等重要事件的直播。2020 年全国"两会"首次用 5G+8K 直播，8K 视频流拥有巨大的信息量，播出的质量更高，给用户带来沉浸式的体验。二是娱乐产业，"5G+8K"还涵盖了 VR 等应用场景，通过增强对虚拟和现实（VR 和 AR）的支持，彻底改变游戏和娱乐产业。5G+VR／AR能够大幅度降低因传输大量图像数据而造成的时延，用户可使用廉价、轻便的终端连接5G网络，享受操控游戏的现实感，增强游戏的趣味性和互动性，将彻底改善游戏体验。

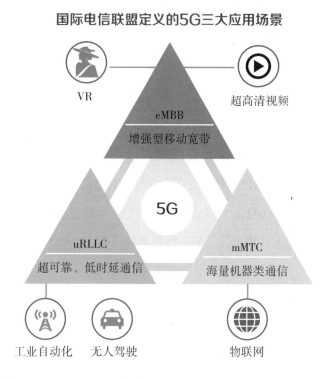

5G赋能城市管理，点亮美好生活。5G网络将整个城市中的无线传感器连接起来，是推动智慧城市建设的重要基础设施，其在城市管理中的主要应用场景有：一是安防监控，5G开启无线监控时代，4K／8K视频监控将广泛应用，可以精确识别人脸、行为、车牌、物体等信息，带来画面更清晰、细节更丰富的视频，预判潜在危险，快速对紧急事件进行响应。二是智能终端安防巡检，无人机航拍、巡逻机器人、VR／AR监控仪器等安防巡检终端不断涌现，促进城市数据的传输、分析和利用，辅助侦察，实现人员与智能终端的优势互补。深圳市宝安区利用 5G+AI 智能识别等技术，通过巡防无人机、巡逻机器人和 AR 眼镜进行立体巡防，协助警方快速精确抓捕嫌疑人。三是智能感知和高效应急救援，基于 5G 超大宽带的特性，智慧城管系统连接数量庞大的设备，不仅传输更大的流量，而且采集城市的海量数据，从而提高智慧城市治理水平。基于 5G 低时延特性，5G 通信保障车的信号能够覆盖方圆 300 米范围，帮助救援人员直观、及时了解现场情况，跨部门应急救援效率更高。

5G 赋能工业互联网，打造智能制造业。工业互联网是指工业和互联网的全面互联，通过大数据、人工智能、云计算等分析和操控实现生产及运营组织方式的变革。我国制造业正处于转型升级的关键时期，2020 年政府工作报告提出，"推动制造业升级和新兴产业发展""发展工业互联网，推进智能制造"。5G+ 工业互联网的应用场景主要有：一是智慧工厂，5G 技术能够实现人、数据和机器三者互联，实现全要素生产、全流程互联互通，实时追踪数据，进行大数据智能分析决策，实现全连接工厂实时生产优化。二是机器视觉，利用 5G 实现检测数据快速传输，结合超高清视频进行监控，通过人工智能实现产品的智能化检测，可避免成本浪费。三是远程运维，5G 时代，利用 VR/AR 提升设备装配效率，突破空间限制，实现远程专家、一线运维人员同时在场。四是远程控制，5G 以其超大宽带、低时延特性实现工程机械远程操控，保证操作人员的工作环境和安全，助力企业降低成本、增加效益，突破传统方式的局限性。相关研究表明，预计 2020 年我国工业互联网产业经济增加值将达到 3.1万亿元，对经济增长贡献率将超过 11%。

5G改变社会

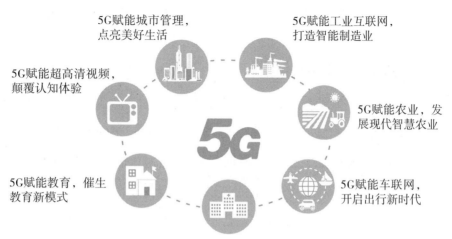

5G赋能城市管理，点亮美好生活

5G赋能工业互联网，打造智能制造业

5G赋能超高清视频，颠覆认知体验

5G赋能农业，发展现代智慧农业

5G赋能教育，催生教育新模式

5G赋能车联网，开启出行新时代

5G赋能医疗，重塑医疗新体验

5G 赋能农业，发展现代智慧农业。5G 是大规模发展深度智慧农业的一个重要基础，如果没有 5G，智慧农业在大数据的传输、高性能计算以及实时响应和指挥方面都会面临挑战。必须运用 5G 技术抓好农业生产。2020 年 2 月，习近平总书记对全国春季农业生产工作作出重要指示，强调：要加强高标准农田、农田水利、农业机械化等现代农业基础设施建设，提升农业科技创新水平并加快推广使用。5G+ 农业的应用场景主要有：一是大田种植数字农业，借助卫星导航系统、遥感技术传感器等可以进行精准种植，实时采集农作物自身及农作物生长环境的信息，如气象条件、农作物长势、播种数量、病虫害防控等。通过大数据和人工智能技术，能够精准地把握农业生产过程，提高农作物的品质，实现增效和农民增收。河南省南乐县投资 4985 万元在全省率先实施了生态农业信息化系统工程。2018 年，全县农业总产值达到 62.7 亿元，农村居民人均可支配收入 13454 元。[1] 二是畜禽养殖数字农业和水产养殖数字农业，包括自动化清洗、包装、扫码、信息采集等，不仅可以监控生产全过程，而且可以追溯产品质量。

5G 赋能车联网，开启出行新时代。车联网是培育新的经济增长点、加快新旧动能接续转换的重要载体，是汽车、信息通信、交通管理和交通运输等多个行业深度融合的产业形态。5G 技术将使汽车行业和交通领域的发展发生颠覆性变革，也为车联网应用打开了新的空间。5G 对车联网的影响主要体现在：一是车联网为用户提供更丰富多样的信息服务业务，比如，车载 VR 游戏、车载 AR 实景导航、车载高精地图实时下载等，提升用户驾驶体验和信息服务价值。二是 5G 技术的低时延和高可靠性优势，可以实现碰撞、紧急刹车预警、诱导通行、车速引导、红绿灯或者限速提醒等车辆行驶安全应用，保证驾驶安全和出行效率。三是车联网应用的发展方向是协同化和智能化，使自动驾驶服务在更高等级、更复杂的场景中实现，自动驾驶将有效解决人工驾驶安全性低、重复低效劳动、运行成本高等问题。车联网技术含量高、产业链条长、应用前景广，是汽车产业发展的重点方向和投资的新热点。

5G 赋能医疗，重塑医疗新体验。5G 移动网络的出现是远程医疗发展的关键，助推了智慧医疗应用场景的升级。远程医疗必然是未来的趋势，具备潜在商业价值。远程医疗专攻的手术领域市场需求极大，以每年 6000 万台的手术规模、按次付费估算，其潜在市场达百亿级。5G 在智慧医疗方面的典型应用场景主要有：一是远程诊断，利用 5G 网络，邀请方医疗机构向受邀方医疗机构发送患者的

---

[1]《南乐智慧农业助力乡村振兴》，《河南日报（农村版）》2019 年 6 月 6 日。

临床资料等，受邀方从远程医疗平台获取资料进行诊断并出具诊断报告，再将诊断报告回传至远程医疗平台，为邀请方的诊断提供参考，提高诊断效率和质量。二是远程会诊，不同的医疗机构之间利用网络传输医疗信息，由远端的专家随时随地对患者病情进行会诊并确定治疗方案。5G网络下，远程会诊可支持4K/8K等高清视频设备，增加了可视度，诊断准确性大大提高。三是远程医疗应用，包括远程超声检查、远程急救、远程手术和移动查房等，5G网络技术具有毫秒级时延特性，能保证画面与操作及时同步。重大事件往往催生技术突破，5G信息技术推动医疗行业朝着更加数据化、标准化、智能化方向发展。

5G赋能教育，催生教育新模式。我国教育资源分布不均衡，在不同的区域、城乡和学校间，教育数字鸿沟依然存在。2020年政府工作报告指出：让教育资源惠及所有家庭和孩子，让他们有更光明未来。5G+教育为实现教育公平注入了新动力，其主要应用场景有：一是智慧课堂，5G+VR/AR/全息影像等技术，实现了教育的可视化，可实时掌控学生情况，教育者可通过大数据分析学生的学习状态、对知识的接受情况等，及时解决教学和管理中存在的问题。二是远程教学，5G网络支持下，超越空间的限制，打造多班级的远程互动教学环境，甚至可以实现双师课堂，即一名教师进行线上远程教学，线下有一名辅导老师维护线下课堂的混合式教学模式，师生在课堂上实现异地互动。三是移动学习，VR/AR技术可以通过立体化的方式开展教学，比如可通过虚拟仿真实验平台、虚拟仪器、建造人体模型等，让知识更加直观、形象。四是慕课，指大规模开放性在线课程，只要学习者登录慕课网站，就能免费学习国内外名校的优质课程，甚至可以与教师在线互动，偏远地区的学生也能享受到优质教育资源。从 2013 年至 2016 年，12500 门慕课上线，超过 2 亿人次在校大学生和社会学习者学习慕课。[1] 教育逐步走向网络化、智能化、个性化、终身化。

---

[1]《中国慕课行动宣言》，教育部网站 2019 年 4 月 17 日。

用好 5G 这个经济增长新引擎

随着 5G 商用化进程的深入，5G 将赋能各行各业，带动形成全社会广泛参与、跨行业融合的十万亿级 5G 大生态。2017 年 6 月 13 日，中国信息通信研究院发布的《5G 经济社会影响白皮书》预计，到 2030 年，在直接贡献方面，5G 带动的总产出、经济增加值将分别为 6.3 万亿元、2.9 万亿元。谁掌握了 5G 新基建，谁就掌握了未来经济主导权。5G 商用时代已经开启，但就整个世界来看，5G 应用还处于初期阶段，未来我国 5G 建设还需乘势而上，全面开拓发展新局面。

政府要营造良好的政策环境，促进 5G 持续发展。在当前我国经济面临下行的压力的背景下，各级政府应为 5G 相关行业的落地创造良好的政策生态。一是不断建立健全法律法规。党中央、国务院一再强调 5G 基建的重要性，将 5G 纳入国家创新战略的重点之一，为下一步推动 5G 发展指明了方向。地方政府也纷纷制定推动 5G 发展的规划、实施意见等政策文件，为 5G 协同发展规划了清晰的路线图。截至 2020 年 2 月底，我国各省区市共出台 5G 政策文件 200 余个。[①]这些文件主要是关于加快 5G 网络建设，进行 5G 应用示范，推动 5G 产业发展等内容。二是加快 5G 网络建设部署。俗话说"要想富，先修路"，5G 基础设施建设就像"修路"一样，是拉动 5G 产业链增长的核心引擎。其一，加快 5G 基站的建设，截至 2020 年 3 月底，全国已建成 5G 基站 19.8 万个，套餐用户 5000 多万，预计全年新建 5G 基站超过 50 万个。[②]其二，必须统筹考虑 5G 站址部署需求，基础电信企业要联合电力企业，加强电力和频率保障，不仅要实现网络共享，而且要实现异网漫游。由于我国面积辽阔，短期内难以实现 5G 网络全覆盖，应该对重点地区及热点区域进行重点和优先部署，打造优质高效的 5G 网络。三是加大财政投入。资金是 5G 网络建设的关键问题，雄厚的资本可以为物联网、车联网、智能家居、智能制造等场景应用领域创新创业提供良好的物质基础。5G 需要商用基站数量较大，基站设备和用电价格比较高，整体建网成本比 4G 高。政府应继续加大对 5G 网络建设的财政支出，对 5G 产业实行税收优惠政策，并积极建立 5G 专项基金。据统计，到 2025 年，我国 5G 网络建设投资累计将达到 1.2 万亿元，未来 5 年工业企业开展网络化改造投资规模有望达到 5000 亿元，5G 网络建设将带动产业链上下游以及各行业应用投资超过 3.5 万亿元。[③]

---

① 吕欣阳:《5G 领衔新基建，因"地"施策方能释放红利》，通信世界网 2020 年 3 月 11 日。

② 王政:《工业运行指标 3 月改善较明显》，《人民日报》2020 年 4 月 24 日。

③《中国信通院:预计到 2025 年 5G 网络投资累计达 1.2 万亿元》，中国新闻网 2020 年 3 月 4 日。

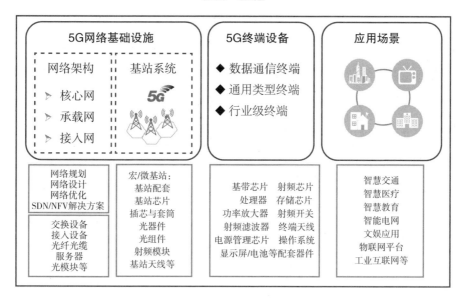

5G产业链

| 5G网络基础设施 | | 5G终端设备 | 应用场景 |

5G网络基础设施

网络架构　　基站系统

- ▷ 核心网
- ▷ 承载网
- ▷ 接入网

5G终端设备

- ◆ 数据通信终端
- ◆ 通用类型终端
- ◆ 行业级终端

应用场景

网络规划
网络设计
网络优化
SDN/NFV解决方案

交换设备
接入设备
光纤光缆
服务器
光模块等

宏/微基站：
基站配套
基站芯片
插芯与套筒
光器件
光组件
射频模块
基站天线等

基带芯片　　射频芯片
处理器　　　存储芯片
功率放大器　射频开关
射频滤波器　终端天线
电源管理芯片　操作系统
显示屏/电池等配套器件

智慧交通
智慧医疗
智慧教育
智能电网
文娱应用
物联网平台
工业互联网等

推动技术变革，加快 5G 创新发展。创新驱动作为一项核心国策，是推动我国经济高质量发展的必由之路，2020 年政府工作报告提出："提高科技创新支撑能力。"企业是创新和竞争的主体，发展 5G 要重视发挥市场主体的积极性。一是重视技术创新。技术是企业高质量发展的底气，企业的命运依靠科技，关键是依靠核心产业链上的核心科技。在产业发展上，中国率先启动 5G 技术研发试验，在 5G 芯片、终端和网络研发上成绩突出，这得益于中国主流设备公司、运营商及基础设施公司重视自主研发。在技术标准方面，中国倡导的 5G 概念、应用场景和技术指标已被纳入国际电信联盟（ITU）的 5G 定义。截至 2019 年 5 月，全球共 28 家企业声明了 5G 标准必要专利，中国企业声明数量占比超过 30%，位居首位。[①]中

---

① 《5G 标准必要专利　中国占全球 30% 份额》，《羊城晚报》2019 年 6 月 4 日。

国通信技术行业的进步源于近 10 年的创新布局、持续投入，要想在 5G 竞争中继续保持优势必须明确下一步技术研发方向，加快 5G 核心技术和产业弱项研发，同时加强 5G 增强技术研究，不断在各产业链关键环节突破关键技术。二是加强复合型人才培养和引进。作为一个高科技领域，5G 是各领域的相互交叉和融合，需要大量从事系统规划、应用开发和服务的复合型人才，要求从业者具备较强的综合能力。其一，加强产教融合、校企合作，构建 5G 综合人才培养体系，培育一批既懂 5G 通信技术又懂行业专业技术的复合型人才，深挖行业需求并提出通信解决方案。其二，建立多层次人才选拔渠道，深化 5G 人才培训教育和人才发掘机制。2019 年 vivo 迈入了中国 5G 手机市场第一梯队，目前 vivo 已经向 3GPP 标准化组织提交 5G 提案超过 3500 篇，累计申请 5G 发明专利 2000 余项[①]，并研发出了多项 5G 终端核心技术。早在 2016 年，vivo 就很重视青年团队，招聘通信领域一流人才和优秀的应届毕业生组成了 5G 通信研究院，培养和储备了通信技术创新和发展的顶级人才。

丰富应用场景，深化 5G 融合发展。5G 融合应用刚刚起步，面临产业链不够完善，可行性、安全性不足和尚不能实现规模级商用等问题。未来应继续鼓励 5G 的孵化和推广，深化 5G 融合应用发展。一是推动制定垂直行业 5G 应用标准。标准对 5G 产业具有引导支撑作用，5G 的应用领域非常广泛，不同行业领域的网络建设和运维方式都有差别，需要运营商、设备厂商以及终端厂商共同开展不同行业的差异化需求和 5G 网络能力的匹配性研究，对 5G 适用的业务场景和网络能力需求进行明确。通过业务应用验证，研究制定

---

①《vivo5G 青年团队，彰显创新力量》，《人民日报》2020 年 4 月 30 日。

5G 应用业务标准、互联互通标准、测试认证标准等。2020 年 4 月，三大运营商联合启动 5G 消息业务，共同打造网络互通、业务互联、终端共享、体验一致的高价值消息生态。二是以应用为导向。5G 是宏观经济和社会发展的驱动引擎，能够加快经济社会数字化、网络化、智能化发展步伐。在产业领域，通过深化 5G 在工业互联网、车联网、医疗等垂直行业领域应用，推动形成更加完整的 5G 产业链，释放生产潜力。同时积极宣传在 5G 应用领域取得规模效益的大型企业，加深社会各界对 5G 应用的理解，吸引更多行业参与 5G 应用创新。在消费领域，促进 5G 终端消费，鼓励企业利用 5G 优惠套餐，推动 5G+VR/AR 等应用，鼓励用户向 5G 迁移，培育新的消费模式。根据中国信息通信研究院测算，预计 2020 年到 2025 年，5G 带动新型信息产品和服务消费将超过 8 万亿元。[①] 要想将美好愿景变为现实，就要做到工业和信息化部负责人所说的：企业要以市场和业务为导向，积极推进 5G 融合应用和创新发展，聚焦工业互

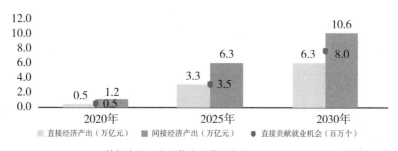

2020—2030年中国5G带动直接、间接经济
产出与直接贡献就业机会预计

数据来源：中国信息通信研究院，iiMedia Research（艾媒咨询）

---

① 郭倩：《5G 商用将带动信息消费 8.2 万亿元》，《经济参考报》2019 年 3 月 6 日。

联网、物联网、车联网等领域，为更多的垂直行业赋能赋智，促进各行各业数字化、网络化、智能化发展。

共谋合作共赢，建立5G命运共同体。在5G发展中各国有竞争，但也有共同的利益诉求。为了让5G技术更好地服务世界各国人民，需要深化多层面的国际合作，共同打造开放共赢的5G产业生态，形成5G命运共同体。一是加快5G标准全球化。统一标准可以让企业集中力量来大幅度提升技术演进的速度，降低多种制式造成的高研发成本。2018年6月，3GPP正式批准确立第五代移动通信技术标准（5GNR）独立组网功能冻结，第一阶段全功能完整版5G标准正式出台。从1G到4G，全球移动通信的标准可谓各自为战，3G时代有三个标准，4G时代有两个标准，到了5G全球终于标准统一，让世界共有5G。但这只是第一阶段的标准，最终完整的标准还需要各国产业界和研究部门凝聚整个产业的能量，努力协作，消除技术分歧。任何国家都没有能力单独制定并只使用自己的5G标准，必须主动融入全球5G发展的浪潮。中国的5G技术现在已经引领全球，但正如习近平主席2019年6月7日在第十三届圣彼得堡国际经济论坛全会上的致辞中所指出的：中方愿同各国分享包括5G技术在内的最新科研成果，共同培育新的核心竞争力，转变经济增长模式。我国将以更加开放的姿态，鼓励国外公司与国内研究机构和企业联合开展研发工作，共同推进全球5G发展。二是深化产业合作全球化。5G发展应在全球平台上共同推进，基础电信企业要加快布局国际网络，构建强大的全球渠道合作伙伴及服务生态体系，优先以入股或者合资方式进入海外本地市场，提升国际网络连接能力。通信设备企业全面参与"一带一路"信息高速公路建设，推进优质信息资源有序流动，不仅能完善产业生态体系，还能助力当地经济发展，实现互利共赢。目前通信产业国际合作平台 GTI 的成员有 135 家运营商，包括"一带一路"沿线 28 个国家的 40 多家运营商。[1]5G 在中国市场相关行业发展的实践，将成为全球市场政策制定和应用的优秀范例。正如习近平主席 2019 年 10 月 20 日在给第六届世界互联网大会的贺信中所指出的：发展好、运用好、治理好互联网，让互联网更好造福人类，是国际社会的共同责任。三是深化全球 5G 安全合作。未来 5G 将应用到各种各样的商业场景。服务模式、交付模式的多元化，增加了网络和移动终端之间泄露隐私的途径，5G 发展要着力解决安全这个重大课题。应对 5G 安全挑战，首先需要各国从 5G 网络基础设施安全、5G 网络数据安全和 5G 网络安全产业生态三个方面构建安全保障体系，提升安全保障能力。同时各国要秉持开放合作互信的理念，共同讨论并制定与 5G 安全相关的国际政策和规则，加快推进 5G 安全国际标准和 5G 安全国际评测认证体系的建立，共同保障 5G 全球产业链健康发展。

历史发展证明，人类经济社会的每一次重大进步都与关键技术的演进升级和大规模普及应用有关，5G 将开启一个万物互联、创新集中爆发的科技革命和产业革命新时代。世界科技强国为了率先引领 5G 市场，纷纷制定 5G 优先发展战略。中国必须深刻认识到 5G 应用将对个人生活方式、经济发展模式和社会转型等方面产生的颠覆性的变革，各方应统筹协调加快 5G 商用步伐和大规模应用，使 5G 真正成为中国经济社会高质量发展的强大引擎。

---

① 郑莹莹：《中国冲刺"5G 时代"：大市场、迎全球、多应用》，中国新闻网 2019年 6 月 26 日。

第五章 数据中心是数字经济的"命脉"

党的十八大以来，中国政府高度重视大数据，积极助推数字经济发展。2014 年，中国国家大数据战略的谋篇布局正式启动。2015 年 8 月 31 日，国务院印发的《促进大数据发展行动纲要》，对包括大数据产业在内的大数据整体发展进行了部署，成为中国发展大数据的第一个战略性文件。2016 年 3 月，《中华人民共和国国民经济和社会发展第十三个五年规划纲要》公布，决定实施国家大数据战略，标志着国家大数据战略正式提出。2017 年 10 月，党的十九大报告提出，推动互联网、大数据、人工智能和实体经济深度融合，为未来大数据产业的发展指明了方向。2020 年政府工作报告提出，要全面推进"互联网 +"，打造数字经济新优势，以助推新兴产业发展。

第一节

拥抱大数据时代

随着新一代信息技术的发展，越来越多领域的产品流通逐渐变为数据流通。我们正处在一个数据的海洋中，而且是大数据的海洋中。2019 年中央电视台拍摄的纪录片《大数据时代》这样描述大数据：大数据是眼，见我们所不能见；大数据是脑，想我们所不及想；大数据是前人，汇聚万千智慧。大数据时代已然来临，而且发展速度越来越快。

大数据一词源于英文的"Big Data"，亦称巨量资料、海量数据，是指那些数据规模非常巨大的信息集合。数据规模巨大是指无法通过当前常用软件工具在合理的时间之内对数据进行撷取、管理、处理和整理。关于大数据，其定义有很多种，但都突出强调大数据规模巨大的特点。大数据涉及的资料量规模极其巨大，究竟巨大到什么程度呢？该如何理解这种巨大？通俗地讲，大数据的巨大是指数据极其庞大，通过目前的主流软件工具，无法在合理的时间内完成数据获取、挖掘、处理并整理成为在帮助企业经营决策方面更具积极目的的资讯。

科学准确地认识大数据，需要把握大数据的特点。一般认为，大数据的基本特征，可以概括为四个"V"：大量化（Volume）、多样化（Variety）、快速化（Velocity）、价值性（Value）。

大数据的特点

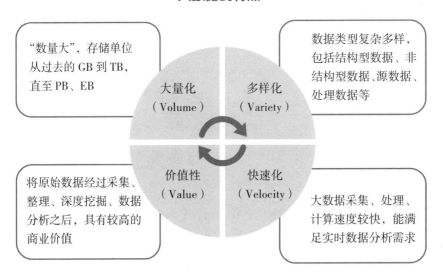

大数据的第一个特征是大量化，即数据量巨大（海量的数据规模）。信息化时代，越来越多的终端产品接入互联网，接入互联网的众多终端产品每天都会产生大量数据，数据呈几何级数增长。例如，平板电脑、手机、浏览网页等都会产生数据并被储存、分析或使用。为了表达大数据量的多少，需要使用相应的单位，电脑的数据运算和储存的基本单位是 B（byte，字节），KB（kilobyte，千字节）。此外，还有更高的单位 MB（Megabyte，兆字节），GB（Gigabyte，吉字节），TB（Trillionbyte，太字节），PB（Petbyte，拍字节），

EB（Exabyte，艾字节），ZB（Zettabyte，泽字节）和 YB（Yotta byte，尧字节）。每一级单位之间的换算是这样的：1KB=1024B，1MB=1024KB，1GB=1024MB，1TB=1024GB，1PB=1024TB，1EB=1024PB，1ZB=1024EB，1YB=1024ZB。我们所说的大数据通常指 10TB 规模以上的数据量。实践中，许多企业经常把很多数据集放在一起，从而使大数据的单位不断跃升，甚至达到 PB 级的数据量。比如，亚马逊建立的大数据系统，每天可以处理几百万甚至上千万的后台业务，其中包括三个基于 Linux 的数据库系统，数据容量分别达到 7.8TB、18.5TB 和 24.7TB。又如，阿里巴巴的"双11 神话"是建立在其强大的数据库基础之上的。OceanBase 数据库是支撑阿里巴巴多年"双 11"支付宝交易处理系统的守护神，这一数据库已在阿里业务系统和蚂蚁金服中得到广泛应用。近年来，随着信息技术的发展，数据规模呈几何级数高速增长。据国际信息技术咨询企业国际数据公司（International Data Corporation，IDC）的报告，2013 年全球大数据存储量为 4.3ZB，2018 年全球大数据存储量达到 33.0ZB，同比增长 52.8%，预计 2020 年全球数据存储量将达到 44ZB，2030 年将达到 2500ZB。[1] 中国的大数据资源极其丰富，数据产生能力巨大，增长很快，预计到 2020 年，我国的数据存储量将达到 8000EB，约占全球数据总量的 21%。[2] 大数据的第二个特征是多样化，即数据种类繁多（多样的数据类型）。由于数据来源越来越多样化，数据的类型和格式也越来越丰富，突破了以往限定的

---

① 前瞻产业研究院：《2019 年中国大数据行业研究报告》，前瞻网 2019 年 11 月 25 日。

② 陈瑜：《大数据共享有三难："不愿""不敢""不会"》，《科技日报》2019 年 10 月 29 日。

结构化数据的范畴，出现了很多半结构化和非结构化的数据。大数据不仅包括传统的关系数据类型，还包括人们浏览的网页、上传的音频和视频，以及通过人们发送和接收 e-mail 等形式存在的未加工的、半结构化的和非结构化的数据。而且，文本、语音、图像、视频等非结构性的数据越来越多，约占大数据总量的 80%—90%。换句话说，就数据结构而言，现在的大数据构成不再是传统的二维的整齐的结构化数据，还包含半结构和非结构化数据，而且这样的数据越来越多。大数据的第三个特征是快速化，即数据流动速度快。随着信息革命和互联网的不断发展，互联网网速不断提升和增强，传输速度有了很大的提升，随之产生的数据量也急剧增加，数据处理速度也急速提高。现在人们更加强调数据的快速动态变化，形成流式数据是大数据的一个重要特征。大数据的第四个特征是价值性，即数据的价值密度低。今天，大数据的数据量呈指数级增长，数据量的分母不断增大，隐藏在数据中的有用信息却没有相应地增长，这无疑增加了人们从海量数据中获取有用信息的难度，所以深度挖掘才能发现人们需要的价值。信息量越大，获取信息的难度越大，相应地，数据的价值密度就越低。比如，人们每天有数十亿条的搜索申请，其中只有少数的搜索量是有用的；又如，24 小时的监控录像中，可能仅有一两秒的画面是有用的；等等。

随着信息技术的不断发展，数据量将不断增多，数据结构将不断变化，数据内容将不断多样化。正确认识我们现在所处的大数据时代，至关重要。大数据时代的基本特征，可以概括为三点：一是数据化，即一切都将被数据化。在大数据时代，许多人类之前不能感知和测量的，现在都可以将其准确地数据化。随着传感器技术和

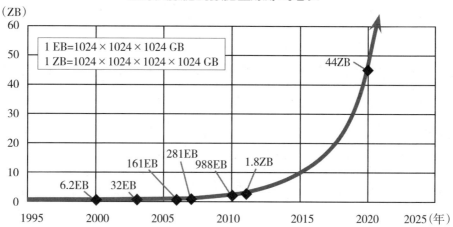

全球大数据的数据量爆炸式增长

信息技术的发展，几乎什么都可以被捕捉到。例如，气候变化、空气质量等自然界的变化，细胞、细菌和病毒等生物的变化，都可以通过大数据清晰地捕捉和检测。大数据时代，几乎一切问题都可以通过技术手段量化为具体数据。二是预测性，即数据可以预测未来。大数据时代的海量数据并不是全部都有用，甚至很多数据是没有任何意义和价值的，但有一点必须肯定，在众多数据信息中隐藏着有价值的信息，这也正是大数据的价值所在。正是基于大数据的价值性，获得大数据是前提和基础，运用大数据才是核心和关键。预测是大数据技术应用的核心，也是挖掘大数据的意义之所在。挖掘数据最大的意义在于运用大数据预判未来，即根据已有的大数据对未来进行某方面的预测，并通过人为的手段进行干预，使其为人们所使用。换句话说，大数据是一条通向未来的道路，可以预测人类行为。例如，QQ、微信、微博等社交平台和社交网站每天都会记录各种各样的数据，在一定意义上讲，数据本身就是行为，数据的记录就是对人们行为的记录。人们的行为并不是无规则的，数据并不是杂乱的，而是有一定的规律性的。美国的艾伯特－拉斯洛·巴拉巴西教授认为，人类行为是符合规律的，是可以提前被预测的，再结合大数据时代的数据收集分析能力，人类的行为大部分已经能够被大数据所预测。充分挖掘大数据，找到数据背后的关联和规律，大数据就产生了指向未来的作用，具有了预测性。例如，大数据的预测分析能力，能够帮助企业分析未来的数据信息，有效规避风险。在通过大数据的预测性分析之后，无论是个人还是企业，都能够更好地理解和管理大数据。三是控制性，即数据具有控制力。大数据虽然具有预测能力，但这种预测能力并非是无所不能的，并非是没有边界的，在它的领域之内，可以进行短期的预测，但如果是指向很长久的未来的变化，这种预测就显得力不从心。就大数据预测的精准性而言，一方面，大数据具有一定的预测性，利用大数据的数值可以预测一件事情发生的可能性；另一方面，如果考虑到所有因素，大数据对事件预测的准确性就大打折扣，"黑天鹅"事件发生的可能性总是存在的。因此，我们要认清大数据的控制能力，不能唯大数据论，盲目地崇拜、依赖大数据的预测能力。

这就是我们生活的时代：数据随时随地产生，一切皆可被数据化；数据可以为我所用，可以预测未来，数据无时无刻不影响着我们。但是，数据的预测能力不是万能的，不是没有边界的。数据几乎已经渗透到每一个行业的每一个领域，成为企业发展不可或缺的因素。很多企业在大数据时代顺势而为，纷纷主动进行改革甚至革新，让庞大的数据资源成为引领企业发展的强大动力。同时，数据已经渗透到每一个人的生活中：一方面，人们的日常工作、生活本身就是数据的生产过程；另一方面，人们的日常工作、生活越来越依赖巨大的数据。充分挖掘、利用大数据，把握大数据的多种特性和价值特征，正确合理地利用大数据，是拥抱大数据时代的正确方式。

第二节
大数据带来的变革

随着数据产生、储存和处理能力的大幅度提升，我们被卷入无数的数据流中，进入大数据时代。今天，一个国家的经济、政治、文化等一切社会活动都离不开对数据的搜索、挖掘、加工与处理。随着新一代信息技术的发展，那些散落在日常生活中的数据正在汇聚，正在深刻地改变着人们的生产和生活方式。

大数据带来的变革

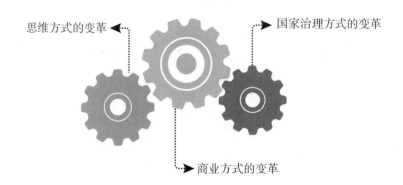

思维方式的变革

国家治理方式的变革

商业方式的变革

大数据带来思维方式的变革。大数据引发思维方式翻天覆地的变革，使思维方式从寻求因果关系转变为寻求相关关系。大数据对思维方式产生变革的机理，我们可以从三个方面分析：一是数据样本从随机到全部。过去，由于技术条件和手段的种种限制，只能随机抽取样本，而且成本很高，费时费力；今天，由于云计算和数据库等信息技术的广泛应用，我们可以获取和利用全部数据，从而使可利用的数据不再是随机样本而是全部样本。国际商业机器公司（IBM）资深"大数据"专家杰夫·乔纳斯提出要让数据"说话"，要利用所有的数据，而不再是紧紧依靠一部分数据。二是数据精准度从精确到混杂。现在，结构化且能适用于传统数据库的数据只有5%，而95%的数据是非结构化的。因此，人们只有接受数据的不精准性，才能打开认识世界的窗户。小数据时代，因为收集的信息量比较少，人们要尽可能减少错误，保证质量，尽可能追求精确；而大数据时代，随着数据量的大幅增加，数据库越来越全面、越来越繁杂，可以帮助人们进一步接近事实的真相。但是，随着数据的爆棚式增长，一些错误、杂乱的数据也鱼目混珠地进入数据库，人们要接受其混乱，接受数据的不准确性。大数据时代通常用概率说话，允许不精确。正如人工智能专家诺维格所说，大数据基础上的简单算法比小数据基础上的复杂算法更加有效，这无疑对人类固有的传统思维提出了严峻挑战。过去，人们习惯于"丁是丁，卯是卯"的理念，深信精确性，但大数据时代要求人们必须作出相应的改变和调整，接受数据的混乱、错误和不确定性。三是大数据时代，思维方式从寻求因果关系变成寻求相关关系。数据的变化，使人们要分析相关的所有数据，而不是少量数据样本；人们要接受数据的混乱复杂性，而不是追求精确性。由此，人们的思维方式随之也发生了转变：不再寻求因果关系，而是关注相关关系。通俗地讲，大数据时代的思维方式是知道"是什么"，而不是探寻"为什么"。在大数据时代，人们不必非要知道现象背后的原因，而是要让数据自己"发声"。这一认识可谓颠覆了千百年来人类的思维惯例，同时也对人们认知世界的方式提出了全新的挑战。但是，大数据时代，寻求相关关系，并不是绝对地否定因果关系。实际上，因果关系还是很有解释力的。例如，亚马逊著名的推荐算法，可以根据消费记录来判断和预测用户的偏好，这些消费记录有可能是别人的，也有可能是该用户历史上的，但它却不能说出用户喜欢这些产品的原因。亚马逊的推荐算法能预测喜欢什么，却不能说明为什么喜欢。这也是大数据思维方式的特点，更多寻求相关关系，而不是因果关系。相关性的确很重要、很有用，但是否意味着因果关系就毫无价值可言了呢？事实并非如此，英国牛津大学教授、大数据权威专家维克托·迈尔－舍恩伯格认为，因果关系还是有用的，但它将不再被看成意义来源的基础。

大数据带来商业方式的变革。在大数据时代，互联网购物（网购）逐渐成为人们购物的主要方式，电子商务的繁荣带动了相关产业的不断升级。为了更好地把握大数据时代的种种商机，各电子商务企业纷纷涉足互联网，追逐大数据，都希望占据未来市场。大数据时代商业运行的机理主要包括：一是一切皆可"量化"。紧紧依靠数据，一切商业行为皆可数据化。二是对"取之不尽、用之不竭"的数据进行创新，不断挖掘数据的潜在价值。大数据时代商业运行模式的关键是对数据进行创新。数据就像一个神奇的钻石矿，它的首要价值被发掘后仍能继续挖掘。它的真实价值就像漂浮在海洋中的冰山，人们第一眼只看到冰山的一角，而其绝大部分都隐藏在表面之下。由此可见，在大数据时代，商业运行的关键和核心是通过数据再利用、数据重组、扩展数据、开放数据等，不断挖掘数据的价值，并赋予新价值。从目前企业大数据的价值链条来分析，基于大数据形成决策的模式主要有三种：第一种模式是手中握有大数据，但没有很好地利用数据。金融机构和电信行业等是比较典型的代表。第二种模式是手中没有大数据，但知道如何利用数据，知道如何帮助有数据的人利用数据。国际商业机器公司、甲骨文公司等IT咨询和服务企业是比较典型的代表。第三种模式是手中既握有大数据，又有大数据思维，百度、阿里巴巴等是典型代表。比如，亚马逊的成功得益于大数据的运行模式。了解亚马逊的人都知道，其经营理念是顾客至上，亚马逊借此成了名副其实的电子商务领袖。和很多企业不同的是，亚马逊推出新产品和服务的速度非常快。推出新产品后，消费者消费新产品，很快就会自动留下评论及购买的数据。于是，亚马逊采用大数据技术，详细分析这些数据背后的真相，从而很快对新产品进行准确的评估，给出新产品是否应该继续推广、如何推广等问题的答案。又如，阿里巴巴的成功，很大程度上得益于阿里巴巴利用大数据变革商业运转模式。阿里巴巴的业务系统包括四大块：商业板块，包括核心零售电商（天猫、淘宝等），新零售，国际零售及批发，菜鸟以及本地生活。其中，新零售包括盒马、银泰等，国际业务包括速卖通、东南亚Lazada等；云计算板块，这既是阿里巴巴的基础设施，也是未来发展的重心；文娱板块，包括优酷、UC、大麦、阿里音乐等；创新板块，包括高德地图、钉钉、天猫精灵等。阿里巴巴的四大板块中，核心电商业务是当前收入和利润的主要来源。在未来，大数据将决定企业的竞争力。企业能否在商业竞争中获胜，取决于是否拥有和掌握大数据思维和运行模式。在大数据时代，最有价值的，一是拥有大数据思维的人，这种人可以将大数据的潜在价值转化为实际效益；一是大数据尚未触及的业务领域，企业可以利用大数据在这些领域创新商业模式。比如，基于用户行为数据，可以进行精准广告投放、内容推荐、行为习惯和喜好分析、产品优化等；基于用户消费数据，可以进行精准营销、信用记录分析、活动促销、理财等；基于用户地理位置数据，可以进行商家推荐、O2O推广、交友推荐等；基于互联网金融数据，可以开展P2P、小额贷款等；基于用户社交等UGC数据，可以进行趋势分析、流行元素分析和社会问题分析等。总之，大数据时代，数据随处可见，随时可取，关键看企业有没有大数据思维，能不能将大数据精准地嫁接到各行业各领域，不断推进商业模式创新。

大数据带来国家治理方式的变革。大数据是一场管理革命，"用数据说话、用数据决策、用数据管理、用数据创新"，会给国家治理方式带来根本性变革。大数据为国家治理提供了一种全新的理念和方法，助推国家治理能力现代化：一是大数据推动国家治理主体多元化。在传统的国家治理中，政府作为唯一的治理主体，拥有强大的社会控制能力，公民和社会组织没有机会或者很少有机会参与国家治理。但大数据时代，公民和社会组织参与国家治理有了新平台。大数据通过互联网实现了数据开放、信息共享，改善了公民与社会及政府之间信息的不对称，为公民和社会组织积极主动地参与国家治理提供了有效途径，从而使治理主体走向多元化。如在公共安全、环境保护、扶贫解困以及救灾救援等领域，公民和社会组织与政府部门几乎具有同等的数据治理能力，由此形成了政府、公众和社会组织多元管理模式。二是大数据推动国家治理方式科学化。过去，国家治理主要依赖历史经验来研判和解决面对的新情况新问题。大数据时代，政府通过收集、整理、分析和挖掘大数据，可以做到科学决策、精准施策。一方面，政府可以更全面和准确地了解社会经济发展水平，精准把握各个群体的实际需求，因地、因时、因人制宜地作出更加科学的决策；另一方面，政府通过对大数据实时的动态分析，可以预测各种可能出现的问题，起到预先防范的作用。由此可见，大数据能更加准确、全面地反映社会现实，为国家治理提供精准的依据，从而促使国家治理方式从经验决策向科学决策转变。

综上所述，大数据开启了一次重大的时代转型，不仅改变着人类的思维方式和行为方式，而且也改变着商业模式和国家治理模式。大数据时代是机遇与挑战并存的时代，谁能主动及时地获取海量的数据，掌握数据分析方法，拥有大数据思维，谁就将在大数据时代胜出。

第三节

把好数字经济的"命脉"

党的十八大以来，党和政府高度重视数字经济的发展。2014 年至 2019 年，"大数据"连续 6 年被写入政府工作报告，已上升为国家战略。国家相继出台了网络强国战略、宽带中国战略、"互联网 +"行动计划、"中国制造 2025"等一系列战略部署。2020 年 3 月 4 日，中共中央政治局常委会会议强调，要加快 5G、数据中心等新型基础设施建设进度。新基建本身既是数字经济的构成部分，同时，新基建又着力打造数字经济，助推数字经济发展，是数字经济的助推器。

大数据时代，发展数字经济战略意义重大。其一，数字经济是促进经济增长的新引擎。从世界范围看，发展数字经济是世界经济发展的大趋势。数字经济具有特有的自身优势，如快速创新能力和刺激经济增长的能力，这些能力已逐渐显现。世界各国的研究均表明，数字经济正在发挥着日益重要的作用与影响，它可以提升劳动生产率、加速市场创新、创造经济新增长点、实现可持续增长等。尤其值得注意的是，各国均已认识到数字经济对经济发展的促进能力，都在大力推动数字经济发展。虽然各国暂时还没有关于数字经济对 GDP 增长贡献度的具体数字统计，但国内外各大金融机构已经对数字经济发展进行了相关研究型测算，并作出了一致判断：数字经济是推动经济发展的重要动能。从中国自身的视角分析，数字经济已成为带动经济增长的高效引擎。随着我国经济的快速发展，人们对物质产品的品种和质量需求也在不断提升。数字经济具有高端供给能力，可以满足广大人民群众日益增长和不断升级的个性化需求，从而培育新型消费人群，创建新消费模式。2018 年，中国信息通信研究院发布的《中国数字经济发展与就业白皮书（2018 年）》显示，2017 年，我国数字经济规模已达到 27.2 万亿元，同比增长 20.3%，占 GDP 的比重为 32.9%；《中国数字经济发展与就业白皮书（2019 年）》显示，2018 年，我国数字经济规模进一步增长，达到 31.3 万亿元，占 GDP 的比重进一步上升，达到 34.8%。[①] 根据上述数据，我们可以看到，数字经济在我国国民经济总量中的比重不断增大，地位不断提升，对 GDP 的贡献率不断提高。其二，数字经济是我国推进供给侧结构性改革的重要支撑。当前，我国经济运行的矛盾主要集中在供给侧，是供给侧结构性矛盾。一方面是供给的相对过剩；另一方面是需求不能得到及时、多样化的满足。通俗地讲，我国现在的供给侧亟须作出结构性改革，回应人们日益增长的多样化需求，从而实现经济良性循环。大数据的出现，为供给和需求搭

---

① 《〈中国数字经济发展与就业白皮书（2019 年）〉显示：我国数字经济规模占 GDP 比重超三成》，人民网 2019 年 4 月 18 日。

建了一座桥梁。通过互联网技术，数字经济可以实现供需市场的完美对接，通过创新要素的汇聚及资源优化配置等方式，可解决当前我国供给侧结构性改革的核心问题。数字经济可增强社会的有效供给能力，减少当前市场中不必要的低端产品供给，真正输出市场所需的产品。

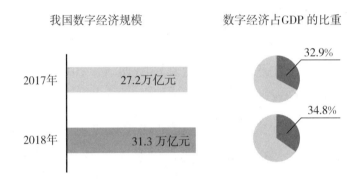

2017—2018年我国数字经济规模及占GDP比重

数字经济已经成为我国经济增长的重要引擎。要发展数字经济，必须把握住数字经济命脉。数字经济的核心和关键要素，主要包括以下三个方面。

数据中心是推动数字经济发展的核心要素。数据具有智能化特征，共享方便、复制简单、增长迅猛，可实现无限供给，为经济的可持续增长和发展奠定了基础。数据中心在培育新模式新业态、助力经济结构调整等方面发挥着至关重要的作用。数据中心是我国数字经济战略布局的重要载体，是我国建设数字经济的关键基础设施。数据中心是指存放设备或数据的场地，是一个组织或单位用以集中放置计算机系统和诸如通信、存储等相关设备的基础设施。按标准机架数量，数据中心的规模可分为中小型、大型和超大型。中小型数据中心的机架数量小于 3000 个，大型数据中心的机架数量大于 3000 个且小于 10000 个，超大型数据中心的机架数量大于 10000 个。从数据本身的发展看，随着数据流量的井喷式增长，数据中心建设亟须加快。一方面，用户流量增长助推数据量增长。2011 年，中国网民规模约为 5.1 亿人。2019 年，中国网民规模增长到 8.54 亿人。与此同时，移动互联网的接入流量快速增长，2011 年为 5.4 亿 GB，2019 年增长到 1220 亿 GB。用户数量的增多以及由此产生的用户流量的增长推高了数据量的增长。另一方面，数据流量增长推动了对数据中心的需要。云计算、大数据等信息技术的快速变革推动了数据流量爆炸式增长。据美国思科公司调查，到 2021 年，数据中心的存储规模将达到 1.3ZB，大数据将消耗 30% 的数据中心存储，云流量将占全球所有数据中心业务的 95%。同时，随着 5G、物联网、虚拟现实等新兴技术的广泛商用，数据结构将更加复杂，数据处理将更加频繁，非结构化数据将剧增，这些都对数据中心的规模与精细度提出了新的更高的要求。因此，超大型数据中心（IDC）建设是未来数据中心发展的必然要求。在新一轮数据中心建设中，数据中心向集约化、超大规模化演变。根据高德纳咨询公司提供的数据，2017 年全球数据中心数量总计达 44.4 万个。该公司还预计，今后全球数据中心数量会逐步减少，到 2020 年全球数据中心数量可能会减少至 42.2 万个。[①] 与全球数据中心数量逐步减少形成鲜明对比的是，全球数据中心的机架数量和服务器数量不断增加，其原因主要在于

---

① 《2018 年全球数据中心发展现状分析 数量减少但体量有所增加》，前瞻网 2018 年 10 月 24 日。

数据中心的结构正在发生变化。未来，超大型数据中心的数量将呈增长态势。根据思科公司预测，全球超大规模数据中心的数量将获得巨大增长：从 2015 年的 259 个增长到 2020 年的 485 个；全球超大规模数据中心占数据中心的份额将从 2015 年的 21% 增长到 2020 年的 47%。未来中国超大型数据中心市场规模提升空间很大，发展前景很好。美国超大规模数据中心的数量占全球的比重为 44%，保持世界第一的位置。2018 年，中国超大规模数据中心的数量位居世界第二，占全球比重为 8%，但与美国相比，我国超大规模数据中心的数量仍然较少，比重较低，未来具有很大的发展空间。目前，中国数据中心的建设者主要包括三部分：电信运营商、独立第三方和大型互联网企业。电信运营商（包括中国电信、中国联通、中国移

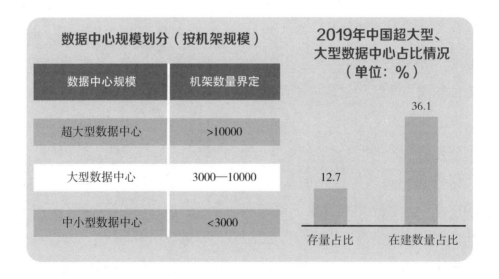

动）具有自身的独特优势：带宽资源、机房分布广泛，体系布局已深入县级以下地方等；独立第三方（主要包括世纪互联、万国数据、光环新网等）的核心优势在于其建设经验和运维经验比较丰富；大

型互联网企业的核心优势在于自身既是建设者，同时也是使用者，因此可以统一规划和设计，并做全部的虚拟化、云化等处理。

数字产业化是数字经济的先导。当前，数字经济产业正逐渐成为主导产业。世界主要国家数字经济产业增长速度超过 GDP 的增长速度，数字经济产业占国民经济总量的比重不断提升，逐渐成为经济发展的战略支撑力量。2019 年 8 月，国际权威机构发布的报告显示，预计到 2020 年，全球大数据市场的收入规模将大幅增长，达到 560 亿美元。未来，大数据市场将继续呈现稳步发展的态势，预计增速维持在 14% 左右。数字产业化的根基是信息通信网络，是数字产业化的主要内容。近年来，我国数字产业化稳中有进，大数据应用不断深化。根据中国信息通信研究院测算，2018 年我国大数据产业增速约为 15%，产值达到 5405 亿元。产业基础不断夯实促进我国电子信息制造业向高质量发展迈进。例如，电信行业，中国三大电信运营商拥有丰富的数据资源，除了传统经营模式下存在于 BOSS、CRM 等经营系统的结构化的数据，还包括移动互联网业务经营形成的文本、图片、音视频等非结构化数据。2019 年，三大电信运营商都已经完成了全集团大数据平台的建设，设立了专业的大数据运营部门或公司，开始推行释放数据价值的新举措。通过提供深厚的数据平台架构和数据融合应用能力，打造数字生态系统。数字产业化是数字经济的先导领域，必须先行发展，加快发展。加快数字产业化，一要坚持网络融合。在现有网络基础上，充分应用云计算、大数据、人工智能、物联网等新技术，推进云网深度融合，打造智能物联网，满足万物智联对信息通信网络的需求。二要坚持技术创新。数字产业的技术创新，尤其要强化网络切片、边缘计算、网络

AI 等关键核心技术的自主创新。比如，在移动边缘计算（MEC）方面，我国自主研发了 MEC 开源平台，并在华为得到了成功应用；在云化方面，我国率先实现了基于 IPv6 和云网融合架构的 5G 独立组网（SA）部署，实现了 5G 与现网 4G 互操作。三要坚持合作，充分利用社会上更广泛的资源，实现优势互补，共同培育数字产业链。我们要积极推进 5G 网络共建共享，在技术攻关、业务创新和服务提升等方面，加大资源和精力的投入力度。

产业数字化是数字经济的主阵地。数据中心是数字经济的基础，数字产业化是数字经济的先导，随之而来的产业数字化才是数字经济的主体构成部分。数字技术与产业融合已成为经济发展的新动能，产业数字化形成的数字经济是我国经济增长的新引擎。大数据与实体经济各领域的融合应用将充分释放数据红利，具体路径是数据流带动技术流、资金流、物资流和人才流等各要素向实体经济汇聚。在大数据的促进作用下，先进制造等产业将加快发展，传统产业数字化水平将进一步提高，将不断催生新产业新业态模式。近年来，我国产业数字化快速增长，在推动经济高质量增长中的引擎作用不断凸显。2018 年，我国产业数字化规模达到 24.9 万亿元，对数字经济增长的贡献度高达 79.5%。但是，各行业数字经济发展水平存在较大差异，表现出第三产业优于第二产业、第二产业优于第一产业的特征。2018 年，服务业、工业、农业中数字经济的占比分别是 35.9%、18.3% 和 7.3%。数字经济背景下，产业数字化对经济增长的贡献度将进一步提高和深化。具体来讲，产业数字化对经济增长具有驱动作用，这主要表现在两个方面：一方面，数字技术对传统产业持续渗透，催生一系列经济新模式和新业态；另一方面，传统产

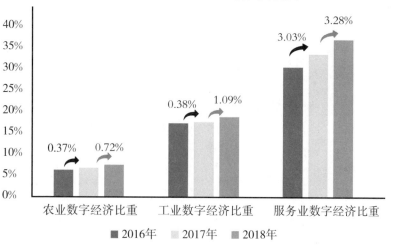

数字经济在三大产业中加快发展

数据来源：中国信息通信研究院

业不断提升数字化程度和水平，促进传统产业提高效率水平和产出水平，从而带动经济增长。如我国广泛推广和应用 5G 等信息技术，将有力地带动传统产业转型升级。中国电信打造的天翼云工业互联网平台，从工业智能连接切入，提供先进的工业无源光网（PON）网络连接、数据采集、设备监控、数据存储、数据分析、运营优化、资源管理等一系列服务，从而帮助企业提高生产效率。

特高压是经济
社会的"超级动脉"

在新基建的浪潮中，特高压再一次进入大众的视野，并上升到国家战略层面的高度。特高压的出现使"煤从空中走、电送全中国"的美好愿景变为现实，使远方来电和清洁能源成为中国能源和电力发展的新常态，成为落实国家"一带一路"建设、构建"全球能源互联网"的坚强后盾。所谓特高压，指的是 1000 千伏（kV）及以上的交流电和 ±800 千伏及以上的直流电的电压等级。特高压输电技术因其输送效率高、容量大、距离远和损耗低等优势，被誉为"电力高速公路"，可以大幅提升我国电网的输送能力。截至目前，我国已建成"十一交十四直"的特高压输电网络，这些输电"大动脉"跨越神州，纵横交替，为我国经济社会发展提供了坚强的电能支撑。

第一节

特高压的前世今生

罗马不是一日建成的，特高压的发展也不是一蹴而就的。在电能成为人们生活中既清洁、价格又低廉的能源以来的近百年间，电网不断发展壮大，电压等级逐步升高，输电电压在经历了高压、超高压两个发展阶段后，目前已进入特高压输电的高速发展时期。

第二次工业革命之后，人类全面进入电气时代，电能成为人们生活中不可缺少的能源，也是应用最为广泛的能源之一。第二次世界大战后，全球经济逐步复苏。在此大背景之下，高速发展的工业生产对能源的需求也迅速增加，从而引发了电力行业的技术革命。从1952年开始，瑞典、美国、苏联等国家逐步建立起400千伏级的超高压输电线路。苏联于1959年和1967年先后建成了500千伏和750千伏的超高压输电线路。1965年，加拿大建成了735千伏的超高压输电线路。1969年，美国建成了765千伏的超高压输电线路。20世纪60年代后期开始，全球电网技术得到快速发展，电网规模进一步升级。西方国家的电力工业从这个时期开始进入高速增长阶段，各国对大容量和远距离输电线路的需求逐渐增加，美国、苏联、瑞典、意大利、德国、日本、加拿大等国制订了适合本国需求的特高压发展计划。其中，美国、苏联、意大利和日本还建设了特高压试验站和试验线段，全球的输电电压等级得到了快速提升。

苏联是全球最先尝试采用特高压输电的国家。从 20 世纪 60 年代开始，苏联就开始了交直流特高压输电技术的研究。1972 年，他们着手开展 1150 千伏的特高压交流输电工程建设。1985 年，埃基巴斯图兹—科克切塔夫—库斯坦奈的 1150 千伏特高压线路建成并投入运行，全长 900 公里。到 20 世纪 90 年代初，苏联已建成的特高压线路全长 2600 多公里。苏联解体后，原先建成的特高压线路全线降压运行。

以节约资源而著称的日本是全球第二个采用特高压输电的国家。日本从 20 世纪 70 年代就开始了对特高压输电的研究，在特高压输电关键技术和特高压设备等方面进行了大量试验和研究工作，并取得了一大批具有世界水平的重要成果。1988 年，为了向东京输送 6000—8000 兆瓦的核电，日本开始建立 1000 千伏特高压输电线路。到 20 世纪 90 年代，日本东京外环特高压输电线路全长达 426 公里。但由于此后日本国内对电力的需求逐步放缓、核电建设计划推迟等因素，日本的特高压线路建成后并没有按 1000 千伏运行，而是始终按 500 千伏降压运行。

20 世纪 70 年代，意大利着手开展特高压交流输电项目研究。1995 年 10 月，意大利建成了一项 1050 千伏的试验工程投入运行，并逐渐积累了较为丰富的调试方法和运行及管理经验。

美国启动特高压交流输变电技术研究的时间比较早，在一定程度上对特高压交流输变电技术的发展进行了探索。1967 年，美国电力研究协会和通用电气公司在匹兹费尔德市建立了特高压试验中心，开始了一项关于特高压的研究计划。但迄今为止，美国的 1000 千伏试验工程仍未完全建成。

　　我国在 1949 年之前，电力工业发展比较缓慢，电网规模非常小，电压等级也很低。新中国成立后，在我们党的领导下，在全国人民的共同努力下，我国的电网技术取得了长足的进步，电压等级实现了跨越式发展。我国幅员辽阔，自然资源蕴藏丰富，但也面临能源保有量与经济发展分布不平衡的难题。全国 80% 的水电资源集中在西南地区，近 70% 的煤炭资源集中在山西、陕西和内蒙古三省区之内，绝大部分可供集中开发的风电能和光伏项目分布在东北和西北地区，但我国东部和中部的 16 个省区却有着七成以上的用电需求。基于这一国情，发展特高压输电技术便被提上日程。

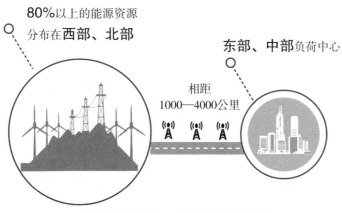

我国能源资源与电力负荷分布图

我国首先采取的解决途径是通过远距离运输煤炭，在负荷区域建设燃煤电站就地发电，以此增加电能高负荷区域供给。但这在解决中东部发达地区供电紧缺的燃眉之急的同时，也给当地的环境保护带来了非常大的压力。数据显示，华东地区的二氧化硫排放量曾一度高达全国平均排放量的 20 倍之多。从 1986 年开始，我国正式驶入了特高压输电研究发展的快车道。通过研究与实践论证，针对我国能源塞地与用电负荷地区之间的距离不断增加和全国电力需求的快速提高的现实国情，在西南水电塞地、北方可再生能源塞地和煤电塞地，通过远距离特高压输电通道，建设大规模特高压同步电网供应中东部地区的方案，成为保障我国电力需求、能源安全、能源独立以及环境友好的最优方案，特高压建设也成为破解供电矛盾的必由之路。

我国的科研机构在特高压输电领域相继开展了关于远距离输电方式和电压等级论证、采用交流百万伏特高压输电的可行性等方面的研究，将特高压输电技术研究列入国家科技攻关计划，并在特高压输电系统输电线路对环境影响、绝缘配合等多个方面的研究中取得了初步成果。1989 年，我国建成了葛洲坝到上海的 ±500 千伏直流输电工程。进入 20 世纪 90 年代，我国又相继建设了一批 ±500 千伏直流输电工程。我国第一条百万伏级特高压输电研究线段于 1994 年在武汉高压研究所建设完成。

进入 21 世纪，我国电力需求持续增长，20 年间全社会用电量增长了近三倍。据相关部门预计，到 2030 年，我国用电量将达到 11 万亿千瓦时。在"十二五"规划纲要中，国家明确提出，适应大规模跨区输电和新能源发电并网的要求，加快现代电网体系建设，

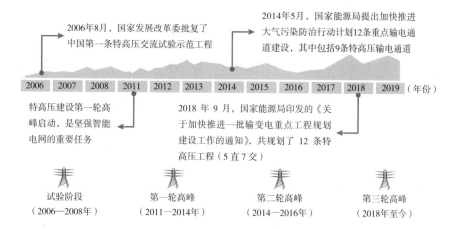

我国特高压发展历程

2006年8月，国家发展改革委批复了中国第一条特高压交流试验示范工程

2014年5月，国家能源局提出加快推进大气污染防治行动计划12条重点输电通道建设，其中包括9条特高压输电通道

2006　2007　2008　2011　2012　2013　2014　2015　2016　2017　2018　2019　（年份）

特高压建设第一轮高峰启动，是坚强智能电网的重要任务

2018 年 9 月，国家能源局印发的《关于加快推进一批输变电重点工程规划建设工作的通知》，共规划了 12 条特高压工程（5 直 7 交）

试验阶段
（2006—2008年）

第一轮高峰
（2011—2014年）

第二轮高峰
（2014—2016年）

第三轮高峰
（2018年至今）

进一步扩大西电东送规模，完善区域主干电网，发展特高压等大容量、高效率、远距离先进输电技术。2004 年，我国通过全面研究论证，确定了将晋东南—南阳—荆门交流特高压工程作为试验示范工程，拉开了特高压建设的序幕，该工程于 2009 年正式投入运行。在"十三五"规划纲要中，国家又提出要构建现代能源储运网络，加强跨区域骨干能源输送网络建设，优化建设电网主网架和跨区域输电通道。2010 年，我国直流输电 ±500 千伏的电压提升至 ±660 千伏和 ±800 千伏。2018 年，国家能源局印发《关于加快推进一批输变电重点工程规划建设工作的通知》。该通知指出，为加大基础设施领域补短板力度，发挥重点电网工程在优化投资结构、清洁能源消纳、电力精准扶贫等方面的重要作用，加快推进青海—河南特高压直流、白鹤滩—江苏、白鹤滩—浙江特高压直流等 9 项重点输变电工程建设，合计输电能力 5700 万千瓦。截至 2019 年底，我国共有在运特高压线路 25 条、在建特高压线路 7 条以及待核准特高压线路 7 条，在运在建线路总长度达 4.8 万公里，特高压输电线路累计送电

量超过 1.6 万亿千瓦时。"十三五"规划期间，我国包括特高压工程在内的电网工程规划总投资达 2.38 万亿元，带动电源投资 3 万亿元，年均拉动 GDP 增长超过 0.8%。2020 年是"十三五"规划收官之年，据统计，国家电网公司全年特高压建设项目投资规模 1811 亿元，可带动社会投资 3600 亿元，整体规模 5411 亿元。在政策的持续推进下，特高压将在未来几年内开启新的建设高峰期，必将为经济社会发展注入强劲动力。

国家电网公司在运在建 23 项特高压工程表

		工程名称	电压等级	线路长度（公里）	变电／换流容量（万千伏安／万千瓦）	投入运行时间
在运	交流	晋东南—南阳—荆门	1000 千伏	640	1800	2009/2011 年
		淮南—浙北—上海	1000 千伏	2×649	2100	2013 年
		浙北—福州	1000 千伏	2×603	1800	2014 年
		锡盟—山东	1000 千伏	2×730	1500	2016 年
		蒙西—天津南	1000 千伏	2×608	2400	2016 年
		淮南—南京—上海	1000 千伏	2×738	1200	2016 年
		锡盟—胜利	1000 千伏	2×240	600	2017 年
		榆横—潍坊	1000 千伏	2×1049	1500	2017 年
	直流	向家坝—上海	±800 千伏	1907	1280	2010 年
		锦屏—苏南	±800 千伏	2059	1440	2012 年
		哈密南—郑州	±800 千伏	2192	1600	2014 年
		溪洛渡—浙西	±800 千伏	1653	1600	2014 年
		宁东—浙江	±800 千伏	1720	1600	2016 年
		酒泉—湖南	±800 千伏	2383	1600	2017 年
		晋北—江苏	±800 千伏	1119	1600	2017 年
		锡盟—泰州	±800 千伏	1620	2000	2017 年
		上海庙—山东	±800 千伏	1238	2000	2017 年
		扎鲁特—青州	±800 千伏	1234	2000	2017 年

	工程名称	电压等级	线路长度（公里）	变电/换流容量（万千伏安/万千瓦）	投入运行时间
在建 交流	苏通 GIL 综合管廊	1000 千伏	—	—	2019 年
	北京西—石家庄	1000 千伏	2×228	—	2019 年
	潍坊—临沂—枣庄—菏泽—石家庄	1000 千伏	2×820	1500	2019 年
	蒙西—晋中	1000 千伏	2×304	—	2019 年
直流	淮东—皖南	±1100 千伏	3324	2400	2018 年

数据来源：中央纪委国家监委网站（截至 2018 年 9 月）

基建一直是中国的强项。特高压本身的诸多优势，加上我国在这一领域的深厚积淀，使特高压不仅在国内遍地开花，还走出了国门。在世界贸易结构变化和"一带一路"建设的大主题下，特高压也将成为中国对外出口和贸易的一张名片。近年来，我国先后中标巴西美丽山水电 ±800 千伏特高压直流一、二期项目，全面实现了在特高压输电技术、标准、装备、工程总承包和运行管理等方面的产业链和价值链输出。依托特高压技术，我国的国产装备水平和国际竞争力显著提升，带动我国超、特高压设备出口到世界 80 多个国家和地区，出口额超过 50 亿元人民币。

特高压"特"在何处

特高压输电按照电流类型可分为特高压交流输电和特高压直流输电。特高压输电不仅要建设一条输送线路，还需要很多变电站及换流站来保证电压等级的变换、电力输送的安全可靠，同时需要大量的设备和控制系统，以便对不同类型的终端客户做到按需分配电力及交直流的切换。

特高压"特"在何处呢？一是"特远"的送电距离。在输送相同功率的情况下，1000千伏的特高压输电线路的最远经济送电距离是500千伏线路的4倍，长达1500公里，而±800千伏直流输电的经济输电距离也可以达到2500公里以上。二是"特大"的输送容量。1000千伏交流特高压输电线路的输送功率是500千伏交流输电线路的4—5倍，而±800千伏直流特高压的输电能力可达±500千伏高压直流输电的两倍之多。三是"特低"的线路损耗。在输送容量和缆线总截面积均不变的情况下，1000千伏交流特高压线路的电阻损耗仅为 500 千伏高压线路的 25%，±800 千伏直流线路的电阻损耗只有 ±500 千伏的 39%。四是"特高"的经济效益。据测算，一条 1150 千伏输电线路的输电能力相当于 6—7 条 500 千伏线路或 3 条 750 千伏线路的输电能力。在实际建设的过程中，搭建同样里程的输电线路，可节约导线二分之一，减少铁塔用材三分之一，节省包括变电所在内的电网造价 10%—15%。根据国际绿色和平组织的报告，特高压每输送 1 亿千瓦时的电力，可使负荷中心减排 $PM_{2.5}$ 约 7 吨，PM_{10} 约 17 吨，减排二氧化硫、氮氧化物约 450 吨。据测算，输送同样功率的电量，采用 1000 千伏的线路比采用 500 千伏的线路可节省 60% 的土地资源。这将给人口稠密、土地宝贵的国家和地区带来巨大的经济和社会效益。

每输送 1 亿千瓦时电力的减排成果

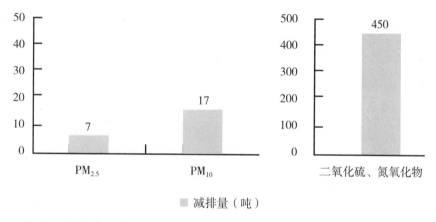

我们可以用一个比喻来直观地区分特高压直流输电和交流输电。特高压直流输电好比直达航班，一飞到底，中途不"经停"，而特高压交流输电就好比高速公路，既能快速到达目的地，在中途也有出口、能"停"。具体来说，在电网中，交流和直流的功能是不同的。

从技术上看，我国的 1000 千伏特高压交流输电，中间可以落点，具有输送电流和构建网架的双重功能，在电力接入、传输和消纳等方面都相当灵活；交流输电既是构建电网的前提，也是电网安全运行的基础，用以支撑大规模直流送电。此外，它还能从根本上解决大受端电网短路电流超标和 500 千伏线路输电能力低的问题，从而优化电网结构。而采用 ±800 千伏特高压直流输电的主要优势在于送电距离更远、输送功率更大，主要用于大型能源基地电力的送出，线路中间无须落点，能够将大量电力直送大负荷中心，可以减少或避免大量过网潮流。按照送受两端运行方式变化而改变潮流，特高压直流输电系统的潮流方向和大小均能方便地进行控制。在交直流并列输电情况下，可利用双侧频率调制有效抑制区域性低频振荡，提高断面暂（动）稳极限，解决大受端电网短路电流超标问题。从输电能力和稳定性能上看，采用 ±800 千伏特高压直流输电，输电稳定性取决于受端电网有效短路比（ESCR）和有效惯性常数（Hdc）以及送端电网结构。采用 1000 千伏交流输电，输电能力取决于线路各支撑点的短路容量和输电线路距离（相邻两个变电站落点之间的距离）；输电稳定性（同步能力）取决于运行点的功角大小（线路两端功角差）。

交流与直流一直以来都是配合使用、互为补充的。直流输电虽然能够减少或避免大量过网潮流，潮流方向和大小能精确控制，但直流输电必须依附于强大的交流电网才能发挥作用。交流输电虽然可以根据电源分布、负荷布点、输送电力、电力交换等实际需要构筑电网，广泛应用于电源的送出，为直流输电提供重要支撑，但交流远距离输电成本较大，远距离输电必须使用直流的点对点方式。

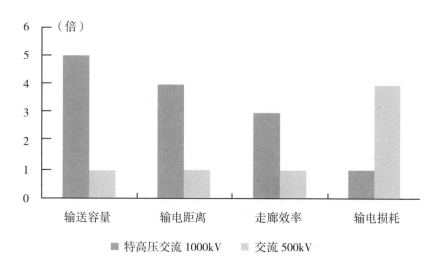

特高压交流输电优势

特高压交流 1000kV　　交流 500kV

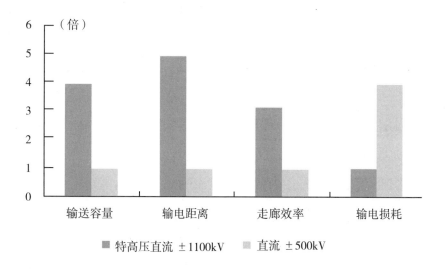

特高压直流输电优势

特高压直流 ±1100kV　　直流 ±500kV

因此，只有协调发展特高压交流、直流输电，形成"强交强直"的特高压输电网络，才能最大限度实现特高压电网的经济性和安全性。也就是说，只有直流和交流同步发展，才能在真正意义上建成合格的特高压输电网。例如，作为我国煤炭能源基地的鄂尔多斯盆地、蒙西、山西等地距离京津冀负荷中心相对较近，就较利于特高压交直流电的输送，既能采用交流方式满足较近的京津冀鲁区域用电负荷，又能采用直流方式满足华东、华中等高负荷地区的用电需求。而新疆、蒙东、西南等相对较远的能源基地向华北、华东、华中、华南等地送电，就更适合采用特高压直流输送方式。

特高压的技术含量较高，其关键技术包括高压电气开关设备、换流阀、电力电子、新材料等装备制造产业，涉及大批输配电零部件，如变压器、开关、电容器、避雷器、换流阀等，社会投资规模巨大。在换流站内的直流系统包括换流器、直流场设备和交流场设备等。换流器主要包括换流变压器、换流阀及其控制保护系统；直流场设备主要包括直流滤波器、平波电抗器和直流开关设备；交流场设备主要包括交流滤波器、电容器组等滤波及无功补偿设备。根据国家电网电子商务平台公布的招标信息，直流特高压工程的一次设备投资额中，换流变压器占比最高，达到 40%—50%；换流阀其次，占比达到 20%—30%；组合电器排在第三，约占 5%—10%。

换流阀作为高压直流系统的核心设备，主要用于把交流转换成直流或实现逆交变。采用直流输电，必须进行交直流电的相互转换，在送端先将交流电转换成直流电，这一过程被称作整流，然后在受端再将直流电转换成频率可调节的交流电，也就是逆变的过程。实现整流和逆变的装置称为整流器和逆变器，二者统称为换流器。目前高压和特高压直流输电使用的换流器通常由换流阀和提供换相电压的换流变压器组成，其中换流阀主要以晶闸管器件为基础构成。目前，我国已经成功研制了 ±800kV/6250A 的换流阀，并在上海庙一山东等 10GW 工程中得以应用。此外，我国还率先研发出大容量 66 英寸晶闸管阀，在提升通流能力的同时，可以控制通态压降、关断时间等参数，进一步提高了抵御换相失败的能力。我国还成功研制出世界最高电压等级、最大容量的 1100kV/12GW 换流变压器，容量达到 6600 兆瓦。

1000 千伏特高压交流项目变电站的电气设备主要包括：变压器、并联电抗器、开关设备 (GIS/HGIS)、避雷器、互感器、检修用接地开关、支柱绝缘子以及低压无功补偿装置等。与 500 千伏或 750 千伏超高压变压器相比，特高压变压器具有更高的绝缘结构设计难度、更大的单体容量、设备尺寸和重量等，因此在设计和制造上的难度更高。我国已经攻克了特高压变压器全场域电场控制、减振降噪、无局放绝缘设计、温升控制等技术难题，并率先研制出单相三柱式特高压变压器，单台容量达到 1000 兆瓦。目前，我国最高容量的特高压变压器已经达到 11500 兆瓦，处于世界领先水平。

第三节
特高压是我国经济发展的重要引擎

当前，随着全球科技驱动力的不断增长，电力消耗也呈现逐年增长的趋势。我国的能源结构已经发生了一些变化，新能源的发展已经与特高压的建设产生了紧密联系。在当前我国的产业升级中，特高压是极其重要的一环，清洁高效、稳定安全、价格低廉的特高压输电必将成为我国经济发展不可或缺的重要引擎。

开发利用新能源，对优化和调整我国能源结构具有极其重要的意义，也是保护生态环境的现实需求和有效路径。特高压为实现大力发展清洁能源这一国家重大战略决策作出了极大的贡献。当前，大力发展水能、风能、太阳能等清洁能源，已经是全球共同解决环境污染和能源短缺问题的当务之急。我国的水力、风力和太阳能资源的分布也同煤电等传统能源相类似：我国80%以上可供开发的水电资源主要集中在四川、云南和西藏等西南地区；大规模风电、光伏基地主要集中在"三北"（东北、华北和西北）地区，这些地区大

特高压是我国经济发展的重要引擎

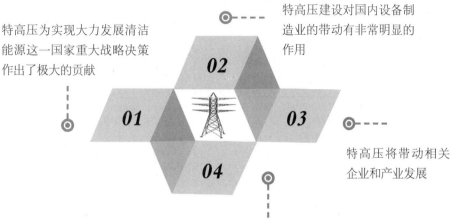

特高压为实现大力发展清洁能源这一国家重大战略决策作出了极大的贡献

特高压建设对国内设备制造业的带动有非常明显的作用

特高压将带动相关企业和产业发展

特高压还可以依托5G信息技术推动物联网、芯片、软件及人工智能等高新技术的发展，对我国当前产业转换与升级有巨大的推动作用

多负荷需求水平较低，而需求更高的经济发达的中东部负荷中心的能源储备资源相对短缺。必须通过特高压这一输电容量大、距离远、能耗低、占地少、经济性好的输电方式来进行大规模、远距离输送，促进我国清洁能源高效、合理和安全利用。对水能、风能、太阳能等清洁能源大范围消纳的成效，充分发挥了特高压跨区跨省输电在我国能源资源优化配置中的重要作用和突出优势。

从近几年的建设情况来看，我国的特高压输电线路较好地实现了清洁能源输送目标。比如，2009年建成并于2011年投入运行的我国自主设计的第一条1000千伏特高压交流输电线路晋东南—荆门线路，从北到南纵贯三省，输电里程达640公里，把山西的火力发电电力输送到经济发达的中部地区。又如，2010年建成的四川向家坝—上海的±800千伏特高压直流输电线路，从西到东横贯八个省

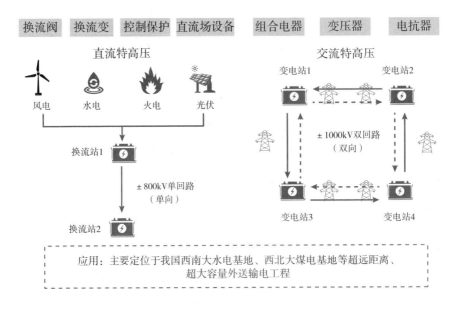

特高压输仪器及电线路

| 换流阀 | 换流变 | 控制保护 | 直流场设备 | 组合电器 | 变压器 | 电抗器 |

直流特高压　　　　　　　　　　　　　　　交流特高压

风电　　水电　　火电　　光伏

变电站1　　　　　　变电站2

换流站1

±800kV单回路
（单向）

±1000kV双回路
（双向）

换流站2

变电站3　　　　　　变电站4

应用：主要定位于我国西南大水电基地、西北大煤电基地等超远距离、
超大容量外送输电工程

市近 2000 公里，是当时世界上电压等级最高、送电距离最长、输送容量最大的直流输电工程。它源源不断地把西部的水力发电电力长距离输送到国际大都市上海，满足了上海 2400 多万人口日常工作、生活和快速发展的经济对电力的需求。再如，2020 年 5 月 29 日，我国建造的世界首个全清洁能源特高压输电大通道，青海—河南 ±800 千伏特高压输电线路顺利实现全线贯通。这是首个专为清洁能源外送而建设的以服务光伏发电为主、全清洁能源打捆外送的特高压输电通道，它将大力推动青海千万千瓦级新能源基地集约化开发建设和大规模外送，把青藏高原的清洁能源源源不断地送往中原大地，提高西北地区可再生能源整体外送消纳水平。这也是一条完全依靠清洁能源自身互补能力独立供电的输电线路，是我国发展运用特高压输电技术推动新能源大规模开发利用的一次重大创新。

特高压在送来清洁能源的同时，其价格优势也有目共睹。目前，我国特高压工程跨区输送清洁能源能力总计已超过 1.2 亿千瓦，有力支撑着我国"三北"新能源基地和西南水电基地的开发建设。输送到东中部负荷中心的落地平均电价比当地煤电标杆上网电价更低，大大减少了东中部企业和用户电费支出，降低了全社会的用电成本。通过特高压输送外来电力替代当地煤电建设，可减少东中部土地占用，助力国家区域发展战略实施。通过特高压的电力输送，受电端区域可以调配的电功率将大大上升，在用电高峰期可以减少很多不必要的拉闸限电，满足各大用户的需要，同时对于各种对电能质量要求较高的工厂和企业，充足的电能也会瓦解很多的电能质量漂移风险，使其能够更加稳定地开展生产。

众所周知，电力是不便于储存的。我国的电力产销量呈现逐年升高的态势，而电力是新基建各大项目的共同上游，无论是 5G、数据中心、工业互联网还是新能源汽车充电桩，这些项目的建设和运行都离不开电力网络。特高压作为新基建的重大领域之一，成为经济社会发展和产业提质振兴的主攻方向，彰显了大国重器和顶梁柱的作用。以 5G 为例，它的基站数量将是 4G 的 4—5 倍，每台基站的耗电量是 4G 基站的 3 倍以上，也就是说 5G 耗电量将会是 4G 时代的 12—15 倍以上，这对电力的消耗将是空前的。所以，中国要想在新科技领域占据一席之地，发展特高压是大势所趋。可以说特高压是基建中的基建，是未来科技产业的底层保障。特高压作为一个重大领域，具有产业链长、带动力强、经济社会效益显著等优势，对于拉动经济增长、推动产业转型升级、扩大社会就业规模、稳定社会发展等方面都具有非常重要的作用，必将为未来几年的经济建设注入强劲活力。

特高压建设对国内设备制造业的带动有着非常明显的作用。从上下游产业链来看，特高压产业链包括电源、电工装备、用能设备、原材料等，产业链长而且环环相扣，带动力极强。近年来，我国电力企业及相关设备厂家，完成了 300 余项特高压项目重大关键技术研究，解决了电磁环境控制、过电压与绝缘配合、系统集成、外绝缘设计、大电网安全运行控制等一系列世界难题，逐步掌握了特高压输电的关键核心技术，并在实验工程中得到了成功应用，也带动了国内设备制造企业发展升级，大大提高了我国特高压领域的科技研发实力。

特高压产业链

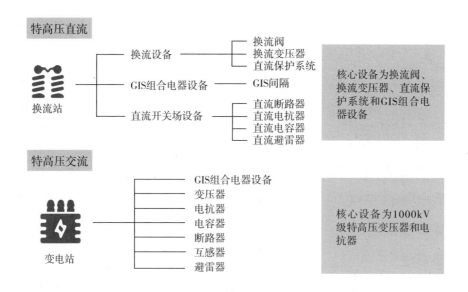

特高压将带动相关产业和企业发展。以青海—河南 ±800 千伏特高压直流输电工程为例，工程配套电源超过 2300 万千瓦，增加输变电装备制造业产值约 148 亿元，直接带动电源等相关产业投资

超过 2000 亿元，可增加就业岗位 7000 多个。自 2020 年 2 月 10 日以来，仅换流阀制造方面，就带动 260 多家原材料供应商生产，增加产值 4.5 亿元。在互感器设备制造方面，也将直接带动光学器件、绝缘材料、电力传感器等基础元件产业链的发展。按照每年预计实现 1—2 条特高压工程订货计算，将带动近 1 亿元的产值增加。在控制保护系统业务方面，将带动 170 多家供应商的生产，对本地的线缆、绝缘材料制造、机械加工、机电销售、包装运输等产业链形成巨大的拉动效应。特高压对上游的铝锭、钢芯，高强度的钢、铝合金、导线以及输变电设备等均有带动作用，将使众多相关企业受益。

特高压还可以依托 5G 信息技术推动物联网、芯片、软件及人工智能等高新技术的发展，对我国当前产业转换与升级有巨大的推动作用。而且特高压项目的造价很高，由此可以拉动装备制造、技术服务、建设安装等多领域的业绩增长。从宏观经济层面看，特高压工程投资规模都非常大，可以增加大量就业岗位，对于稳增长与惠民生作用力十足。特高压作为世界最先进的输电技术，工程建设能够推进包括换流阀、电力电子、新材料等高端装备制造的发展，符合国家产业转换和升级的趋势。

2020 年政府工作报告指出，要保障能源安全。推动煤炭清洁高效利用，发展可再生能源，完善石油、天然气、电力产供销体系，提升能源储备能力。建设特高压，通过加大输电比重，实现输煤输电并举，使两种能源输送方式之间形成一种相互保障的格局，从而为促进能源输送方式的多样化，进一步减少铁路煤炭运输压力，提高能源供应安全和经济高效运行提供坚强的保障。随着经济社会发展和用电负荷的持续增长，我国将新建更多的大容量电厂和发电基地，跨区输电的容量也将持续增加，特高压输电技术有着极其广阔的应用前景。

通过长期艰苦卓绝的努力，我国成功研制出特高压成套输电设备，从理论研究到工程实践实现了全方位的突破，也改变了我国长期依赖发达国家学习引进先进技术、逐步消化吸收的发展模式，实现了从"中国制造"到"中国创造"再到"中国引领"的华丽转身。我国于 2017 年成功研制了全球第一套 ±800 千伏直流输电控制保护系统，开发完成了全球第一套 ±1100 千伏控制保护系统，总体技术已经达到世界领先水平。依托特高压工程建设，我国的电工装备制造水平实现了跨越式大发展，科技创新能力得到显著增强。

在科技高速发展的今天，世界各国和著名企业都在不断通过制定行业标准抢占技术先机、提高核心竞争力。能否代表行业标准成为一个企业、一个国家核心竞争力的一项非常重要的指标。我国是国际电工委员会（IEC）的常任理事国，该委员会的常任理事国共有 6 个国家，除中国外，还有美、德、英、法、日五国。我国在世界上率先创立了特高压输电技术标准体系，该体系包含 168 项国家标准和行业标准。此外，我国的特高压交流输电标准电压也被推荐为国际标准电压。国际大电网委员会与电气和电子工程师学会先后成立了由我国主导的 9 个特高压输电工作组，国际电工委员会成立了特高压交流输电系统技术委员会（TC122），秘书处均设在中国。我国占据了技术和标准制高点，显著提升了我国在国际电工标准领域的话语权。中国特高压输电自建成第一个示范工程以来，共完成了 180 余项关键技术研究课题，形成了 429 项专利，建立了包括 7 大类 79 项标准的特高压交流输电标准体系，涵盖系统研究、设备制造、调试试验和运行维护等环节。特高压工程不仅仅在建设时期带动和促进了经济社会的发展，在中长期发展中的效益也非常明显，是高质量发展的典范，也为经济社会高质量发展提供支撑。可以说，特高压的发展不仅利在当前，更是功在千秋，它将为我国经济大发展提供充足的动力。

迈向交通强国新征程

第七章

新一轮科技革命和产业变革正在深刻影响着经济社会全局,数字化、网络化、智能化日益成为重要的发展趋势,也是各国技术竞争和产业竞争的主战场,关乎能否占据未来经济发展的制高点和主动权。作为新基建的重要组成部分,城际高速铁路和城际轨道交通对于推进城轨信息化,发展智能系统,建设智慧城轨,助推交通强国的崛起意义重大。

第一节

城际高铁和轨道交通助推中国交通大发展

交通运输一直都是经济发展的"风向标"和"晴雨表"。2019年9月，中共中央、国务院印发《交通强国建设纲要》，明确从2021年到本世纪中叶，我国将分两个阶段推进交通强国建设，到2035年，基本建成交通强国，形成"三张交通网""两个交通圈"。

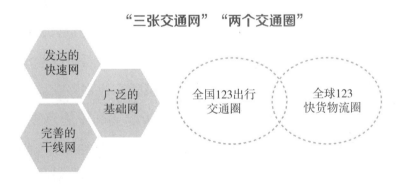

"三张交通网""两个交通圈"

发达的快速网

广泛的基础网

完善的干线网

全国123出行交通圈

全球123快货物流圈

2020年是全面建成小康社会和"十三五"规划收官之年，是加快建设交通强国的关键之年。2020年3月4日，中共中央政治局常务委员会会议强调，要加快我国 5G 网络、数据中心等新型基础设施建设进度。以数字化、智能化为主题的新基建将带给交通运输行业哪些影响呢？交通运输新基建将会在哪些领域发力？从新基建所涉及的主要领域来看，交通运输方面的新基建除包含对交通运输传统基建的数字化、智能化改造和升级外，还将重视基于新一代信息技术，以及为交通运输新技术、新产业、新业态、新模式发展提供支撑的新型交通基础设施建设。交通运输新基建，将会加速促进传统公路、铁路、民航、邮政及管网系统等基础设施的数字化、智能化转型，同时将带动装备制造业技术改造和设备更新，进而支撑交通强国建设。同时，交通运输新基建是国家重大战略实施的重要支撑，它将推动"一带一路"建设、京津冀协同发展、长三角一体化、粤港澳大湾区建设等重大战略实施，加快发挥前沿领域科技的领先优势。

交通运输新基建涵盖领域众多，其中城际高速铁路和城际轨道交通，是高端原材料、机械、电气设备集中应用的领域。随着我国城市化的发展，保持城际高速铁路和城市轨道交通高速发展态势，将城际轨道交通与其他城市交通融合发展作为规划重点，逐步广泛应用智能高铁正在成为大势所趋。由此可见，随着中国经济社会进一步发展，作为新基建重要构成部分的城际高速铁路和城市轨道交通，不仅会借助 5G 网络、数据中心等新型基础设施建设的东风，加速驶入交通新基建的快车道，而且将通过"四纵四横"到"八纵八横"来加快中国交通大发展，助推整体社会经济发展增速。

所谓城际高速铁路，是指规划和修建在人口稠密的都市圈或城市带（城市群）中的高速铁路客运专线运输系统，它属于高速铁路的一种类型。作为我国新兴的轨道交通类别，城际高速铁路兼有城际铁路和高速铁路的特征。城际高速铁路与普通高铁相比，虽然只多了"城际"两个字，但二者区别比较明显。城际高铁的线路没有普通高铁那么长，其时速一般不会超过200公里，同时，它的发车密度趋于公交化，远高于普通高铁。从2008年8月1日起，我国第一条城际高速铁路——京津城际高速铁路正式开通运营，到2012年底，我国高速铁路"四纵四横"的客运专线基本建成。随着京津冀协同发展、粤港澳大湾区建设、长三角一体化形成等国家战略的深层次推进，作为枢纽的城际高速铁路，将迎来高速发展的历史机遇。通过对比一些全球知名都市圈，不难看出，我国城际高铁的发展还存在较大差距。比如，日本东京都市圈的"二八定律"，也就是占总里程20%的轨道交通承载了80%的交通需求。总体而言，发展城际高铁，有三个方面作用：一是能有效促进城市群优化布局。基于国家原有的铁路网，依托城际高速铁路，能够加快实现城市群各类城市之间、核心城市与外围中小城市之间的联通，从而形成联结有效的网络格局。二是能加快人员、技术、资本等要素的充分流动，从而提升城市群、都市圈的互济能力，增强资源共享。三是能增强中国经济发展的韧性。城际高铁，不仅建设周期较长，从建设施工到通信信号系统就绪直至通车，需要4—5年。同时，由于发挥带动作用的领域较为宽广，除带来自身产业链延伸以外，城际高铁还为中小城市、小城镇、特色小镇、美丽乡村的发展提供推动力。因此，国家发展改革委在《关于培育发展现代化都市圈的指导意见》中明确指出，要加快探索都市圈轨道交通运营管理"一张网"模式，推动中心城市、周边城市（镇）、新城新区等轨道交通的有效衔接。

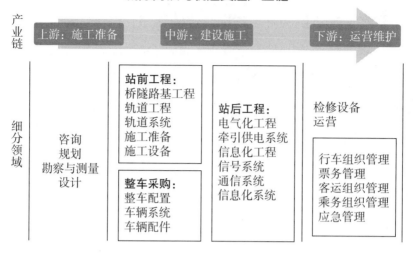

城际高铁与轨道交通产业链

| 产业链 | 上游：施工准备 | 中游：建设施工 | 下游：运营维护 |

细分领域

咨询
规划
勘察与测量
设计

站前工程：
桥隧路基工程
轨道工程
轨道系统
施工准备
施工设备

整车采购：
整车配置
车辆系统
车辆配件

站后工程：
电气化工程
牵引供电系统
信息化工程
信号系统
通信系统
信息化系统

检修设备
运营

行车组织管理
票务管理
客运组织管理
乘务组织管理
应急管理

所谓城市轨道交通，是指采取轮轨运转方式的快速、大客运量的公共交通，包括地铁、城市轻轨等。与私家车、城市公交等运输方式相比，城市轨道交通具有大容量、集约性、高效率、低能耗、低污染等优点，对于城市交通拥堵状况起到了较好的缓解作用。随着都市圈和城市群不断发展，城市的边界将变得越来越模糊，发展轨道交通将有效解决"大城市病"，也是建设绿色城市、智慧城市的重要途径。推动城际轨道交通建设发展，被普遍认为是在当前中国宏观经济下行压力加大的态势下稳定经济的利器。从运营线路看，2016—2018 年，我国的城市轨道交通累计新增的运营里程为 2143.4公里，每年平均新增的运营里程约为 714.5 公里。截至 2018 年底，我国大陆地区有 35 个城市开通运营线路，合计 185 条，运营里程总长为 5761.4 公里，预计到 2020 年，我国城市轨道交通运营线路总长将超过 6000 公里。从客运量情况看，2018 年，我国的城市轨道交通完成客运量 210.7 亿人次，较 2014 年增加了 84.7 亿人次；北京、上海、广州、深圳、成都、南京和武汉累计完成的客运量突破了 10 亿人次。从规划建设看，目前许多城市正在紧锣密鼓地大力发展建设轨道交通，全国总共 53 个城市拥有在建线路 258 条，在建线路总规模达到 6374 公里。[①] 近年来，我国城市轨道交通建设取得了巨大成就，步入了飞速发展的快车道。与传统城市轨道交通相比，新基建背景下的城市轨道交通，其创新点表现在三个方面：一是新技术。新基建背景下的城市轨道交通，将运用大量新技术，主要体现在轮轨的新材料应用、实时供电充电的模式、自动运行和控制系统等方面。二是新空间。我国正在规划面向现代化的中心城市与城市群的建设。城市轨道交通建设，将进一步推进都市圈层的形成，而新空间又为城市轨道创造了极大的发展空间。三是新投资主体。预计未

2013—2019年中国城市轨道交通运营线路

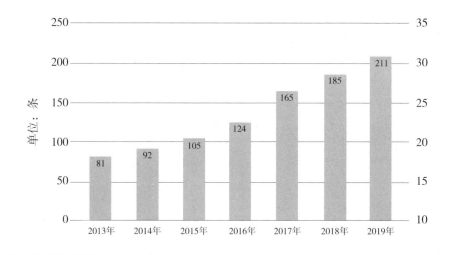

① 中国城市轨道交通协会：《城市轨道交通 2018 年度统计和分析报告》，《城市轨道交通》2019 年第 4 期。

来将会有更多的民营企业进入城市轨道交通上中下游的各个环节、衍射到各个行业领域。总之，在未来数年内，城市轨道交通建设将是稳投资、稳增长的重要生力军。

概言之，从经济社会发展全局来看，城际高铁和城市轨道交通是协调短期刺激有效需求和长期增加有效供给的最佳契合点之一。从近期来看，它将有助于统筹推进经济社会持续发展、全面做好"六稳"工作。从中长期来看，它对于推进供给侧结构性改革、加快产业的数字化转型、构建现代化经济体系都将发挥重大作用。一方面，城际高铁和城市轨道等交通运输新基建将大力推动中国经济转型发展。在全球经济面临衰退的背景下，新旧动能转换、经济增速趋缓，加快新型基础设施建设将为中国城市从信息化到智能化再到智慧化构筑一条"高速之路"。人工智能、5G等新技术将为拉动智能交通发展提供新动力，同时还为新型交通装备研发制造产业链、价值链、人才链升级，实现中国经济新旧动能转换提供良好的发展空间。另一方面，城际高铁和城市轨道交通的发展和繁荣，将在短期内创造大量投资机会，对我国经济持续健康发展意义十分重大。GDP增长主要依靠投资、消费和净出口。在全球面临经济衰退、我国面临严峻出口形势、消费存在诸多不确定因素的背景下，投资是最有可能拉动中国经济增长的引擎。从投资领域占比最高的三大块来看，房地产投资被基本"红线"阻断，制造业投资更多的属于被动投资，唯独新基建投资正当其时。在2020年全国"两会"期间，交通运输部部长李小鹏透露：交通运输部已经在现有项目的基础之上形成了一个新的项目库，新增项目库的投资将达到8000多亿元。伴随大批投资千亿元级别的"超级工程"加速推进，中国经济的"大船"也必将扬帆起航、行稳致远。当然，城际高铁和城市轨道交通涉及的投资项目一般资金量大，同时盈利周期相对较长，因此在推进新基建交通领域项目建设的过程中要注重风险管控。尤其是在融资方面，一方面，要量力而行，切不可超出城市实际承载能力而仓促上马项目；另一方面，在利用多渠道筹集资金进行项目建设时，要加强对资金使用的监督管理。特别是在 2020 年全球经济前景并不明朗的情况下，如何用好新基建交通领域项目建设的投资资金对政府及相关从业单位都是一次"大考"。

第二节

城际高速铁路的大格局

2020 年 4 月，国家发展改革委首次明确提出了新基建的范围，其中就包括城际高速铁路和城市轨道交通。城际高速铁路作为我国交通最重要的大动脉之一，是城市化进程中关键性的一环。城际高速铁路采用移动互联网、人工智能、大数据和 5G 等先进信息通信技术，将推动交通数字化、智能化的飞速发展，为中国经济社会的高质量发展提供重要的现代化交通运输服务体系。

在中国最新的《城际铁路设计规范》资料中，城际高铁被划入区际铁路的范畴之内。虽然我国高铁建设起步较晚，但其发展速度惊人。2008 年，我国第一条达到世界先进水平的高速铁路开通，由此掀起了我国高铁的建设高潮。如今，我国已经成为世界高铁运营里程最长、运营速度最快的国家。交通运输部部长李小鹏指出，预计到 2020 年底，我国铁路营业总里程将达到 14.6 万公里，覆盖大约 99% 的 20 万人口及以上的城市。其中，高铁（含城际铁路）大约为 3.9 万公里，继续保持领跑世界的优势。[1] 高速铁路尤其是城际高铁的快速发展改变了人们的出行方式，推动了城市群和区域经济的快速发展，助推了交通数字化和智能化发展，使建设交通强国不断迈向新征程。未来，我们必须重视城际高铁发展，形成布局合理、覆盖范围更广泛、安全高效便捷的城际高铁布局。

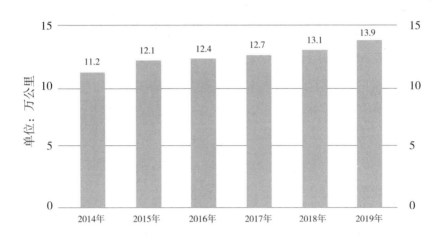

2014—2019年中国铁路运营里程

形成四通八达的交通网络大格局。我国现已拥有的城际高速铁路有：京津城际高铁、沪宁城际铁路、沪杭城际铁路和贵开城际铁路等。纵观我国的城际高铁，用"上天入地""穿山潜海"来形容，毫不夸张。载客量之大，前所未有。但是，随着经济的发展和社会转型，我国的人口流动规模加大，货物运输量也遍布全国，必须继续完善高速铁路交通网络布局，实现城际高铁交通网络在满足经济社会发展要求方面从基本适应到适度超前的跨越式发展。因

---

[1]《交通部：年底中国铁路营业总里程预计达 14.6 万公里》，中国新闻网 2020 年 5 月 19 日。

此，必须建设城际高铁综合运输通道，构建"八纵八横"综合运输大通道，以保证横穿东西、纵贯南北、内外畅通，同时必须加密和拓展高铁网络覆盖范围，既可直达一些主要城市，又可连接东部、西部、中部、南部和北部的不同区域，使高速铁路覆盖80%以上的城区常住人口100万以上的城市。交通强国，铁路先行，不仅党中央、国务院要高度重视，地方政府也必须制定相关的规划，推动城际高铁的快速发展。例如，山东坚持经济要发展、交通要先行的理念，充分贯彻党的十九大提出的建设交通强国要求，全力建设现代化的综合交通网络，明确了今后十几年的交通运输发展思路：到2035年，将全面建成"四横五纵"综合交通大通道，形成全方位快捷高效的综合交通圈，即通过高铁来实现覆盖全省、通达该省周边主要城市的"1、2、3"小时陆上交通圈，其中济南到与之相邻的6市实现半小时通达，济南至青岛、青岛至周边各市、全省相邻各市实现1小时通达，济南与省内各市2小时通达，省内各市之间3小时通达，济南到北京、上海等14个国内主要城市实现3小时左右通达。

形成生命力旺盛的经济发展大格局。自建成运营以来，城际高铁给国家带来了高额利润，中国高铁网的投资回报率达到了8%，远高于国内和其他多数国家长期投资的大型基础设施项目的资本机会成本。首先，城际高铁带动周边庞大的客流量。在我国经济比较发达、距离较近的一些大城市间，每天有大量往返的旅客，不仅数量大，而且往返率高。中国高铁客运量已经达到了8.5%的年增长率。超大的人流量还给沿线省份特别是旅游省份带来非常可观的收入，促进了沿线地区旅游业的大发展。近年来，高铁＋旅游的经济

城际高速铁路的大格局

效益得以快速释放。比如，贵州省，随着贵广、沪昆等铁路的相继开通，景区直达高铁环线正式开通了旅游专列，将黄果树瀑布、西江千户苗寨、铜仁梵净山等多个知名景点纳入该旅游专线，从而推动了高铁资源与旅游资源的深度融合。其次，城际高铁的发展还创造了更多的就业岗位。城际高铁产业链极长，产业链上游涉及设计咨询、原材料和基础建筑行业，产业链中游包含建筑施工、装备制造，产业链下游包括运营维护、物流和客货运输服务等行业，这条完整的产业链条会衍生诸多增值服务，能够带动更多的就业，创造出一定的经济价值。最后，城际高铁加快了区域经济一体化。当前，我国形成了京津冀城市群、长江中游城市群、粤港澳大湾区和关中平原城市群等七大城市群，城市群的布局在不断完善，城市群之内要实现要素自由流动，离不开城际高铁与城市轨道交通两大基础设施。城际高铁作为承担城市群中主要城市之间的客流交换、加强重要城市间联络的主要交通载体，相比于普通城市公交或铁路，其大运量、高速度、安全舒适的特点不言而喻，而且站点之间更加网格化、密集化，串联各个城乡镇集，推动物流畅通，为打造缩短城市之间时空距离的 1 小时都市圈提供了便利。长期以来，由于物流的限制，珠三角经济圈与长三角经济圈和环渤海经济圈形成了鲜明的对比，主要表现为珠三角经济圈缺少庞大的经济发展腹地，但武广高铁的开通将解决这一问题。对广东省而言，经济发展腹地向湖南、湖北等内陆地区延伸，将为其取得巨大的原材料、人才和市场资源，而湖南、湖北也借此机遇密切地融入泛珠三角区域，与庞大的海外市场建立联系。可以说，武广高铁的开通对沿线经济和产业的发展益处多多。虽然城际高铁可以加速核心城市经济圈的发展速度，但它的发展必须与城市经济发展战略相适应，同时应与其他交通方式协调发展起到优势互补的作用，不能盲目建设城际高铁项目，以免造成严重的资源浪费，使城际高铁不能发挥预期的效果。

形成高效便捷的社会服务大格局。城际高速铁路作为新基建的重要组成部分，是民生关注的重要领域。首先，城际高铁的发展使出行速度更快。在我国经济比较发达、距离较近的一些大城市间，每天有大量往返的旅客，他们出行目的一般是购物消费、旅游休闲、探亲甚至工作等。城际高铁高速运行、较低的票价，可以让居住在小城市、城市郊区甚至是乡镇的人们快速、低成本地到达中心城市或者城市中心区域，大幅度提高日常生活的可达范围，让人们都能共享较高的生活品质。现在很多城际高铁时速甚至高达 250 公里。京张高铁通车以后，张家口和呼和浩特至北京最快运行时间分别为 47 分钟（至清河站）和 2 小时 9 分钟，大同至北京最快只需 1

小时 42 分钟。同时，我国的城际铁路车站分布密集，为远郊和小城镇的人们出行提供了便利。2019 年 12 月 15 日，穗深城际高铁开通，串联起了广州、东莞、深圳三座城市，该城际高铁全长 70 多公里，但车站数量多达 15 座。其次，智慧城际高铁提供更好的出行体验。2019 年，交通运输部印发《推进综合交通运输大数据发展行动纲要（2020—2025 年）》，该纲要指出，要不断推进第五代移动通信技术（5G）、卫星通信信息网和大数据等关键技术在交通运输各领域中的研发应用。此后，我国城际高铁的智能化和数据化速度大大加快。5G 技术加速落地。2020 年 1 月 10 日，广深港高铁实现 5G 信号覆盖，成为首个"5G 春运"列车，网速不仅快而且很稳定，解决了过去高铁和动车上没有信号给人们的娱乐和办公带来的不便。许多高铁站也实现了 5G 信号全覆盖。在智慧候车区，智能机器人可以提供各种信息查询、互动打卡留念、厕位智能引导系统、3D 地图等多项服务，从而让旅客获得舒适的候车体验。人工智能日益成熟。京张高铁是中国第一条智能化高速铁路，通车后重点在行车、服务、维修三方面进行了智能化升级，已经实现了自动驾驶、智能行车。为了满足 2022 年冬季奥运会期间旅客观看赛事的需要，京张高铁还专门设置了媒体车厢，通过车厢进行新闻转播和赛事直播，乘客可随时掌握一手资讯。人工智能还体现在购票和进站等服务上。在 2020 年"春运"期间，电子客票已经逐步覆盖全国高铁线路，乘客购买铁路电子客票后，手机自动生成 12306 动态二维码，通过扫码即可进站乘车。城际高铁未来的发展将会越来越便捷，高铁换乘像乘坐城内公交一样简单。但是，建设高铁需要复杂先进的科技，城际高铁要实现跨越式发展，必须加强核心自主研发，同时必须把新基建中的 5G、大数据、人工智能等信息基础设施和融合基础设施的建设成果融合应用到城际高铁的建设发展过程中，为加快建设交通强国提供有力支撑。

第三节
城市轨道交通的大变化

　　城市轨道交通是一个含义较广的概念，在国际上并没有统一的定义。从广义上讲，它是指以轨道的运输方式为主要特征，主要为城市内公共客运服务的现代化立体交通系统。从狭义上讲，它是指线路固定，铺设固定轨道，配备运输车辆及服务设施等的公共交通设施。在我国国家标准《城市公共交通常用名词术语》中，将城市轨道交通定义为"通常以电能为动力，采取轮轨运输方式的快速大运量公共交通的总称"。

　　轨道交通很早就作为大众交通在城市中出现。通过西方发达国家城市交通发展的历史不难看出，大力发展城市轨道交通系统，能从根本上有效改善城市公共交通状况。一是缓解城市交通压力。城市轨道交通扮演了城市公共交通的主干线、客流运送的主动脉的重要角色。国际知名的大都市得益于轨道交通事业的发达方便，城市交通秩序井然，市民出行十分方便、省时。二是解决"城市病"的金钥匙。城市轨道交通的建设加速推动了城市沿轨道交通廊道的发展，促进了郊区卫星城和多个副中心的形成，进而缓解了城市中心人口密集、住房紧张、空气污染严重等城市通病。总之，正是凭借人均能耗低、承载量大、互通互联等诸多优点，城市轨道交通成为缓解拥堵、助力绿色出行、创建智慧城市等的有效手段。

我国的城市轨道交通起步较晚。20世纪90年代，只有北京、上海、广州等少数发达城市才有地铁这道"风景线"。然而近20年来，轨道交通建设在中国许多城市已经取得了迅速的发展，中国已跨入城市轨道交通大国的行列。一是开通城市位居世界第一。据国际公共交通联合会（UITP）资料显示，截至2019年底，中国累计有40个城市开通城市轨道，运营线路总长度达到6730.3公里，德国、美国开通运营线路总长度则分别为3147.6公里和1296.7公里。[①]二是运营里程总数位居世界第一。2019年全年新增城市轨道运营线路为968.77公里，其中，市域快速轨道为59.11公里。三是客运量位居世界第一。2019年全年累计完成客运量为237.1亿人次，比2018年增长26.4亿人次，增幅达12.5%。北京、上海、广州三个城市客运量均突破了30亿人次，成都、南京、武汉和重庆均突破10亿人次。[②]此外，我国列车在运行可靠度、正点率、发车间隔等关键运营指标方面，均处于国际前列；运营安全形势总体稳定可控，重大及以上运营安全事故发生率为零。然而，从轨道交通出行率和城市轨道运力来看，我国与国际大都市相比还存在一定差距。例如，

---

① 诸玲珍：《新基建助力新一轮城轨经济快速发展》，《中国电子报》2020年4月3日。
②《城市轨道交通2019年度统计和分析报告》，中国城市轨道交通协会网2020年5月18日。

东京的轨道交通占公共交通客运量的比重达到 86%，巴黎和伦敦为70%，而我国的主要城市上海、北京的比重仅为 54% 和 44%。在密度方面，上海、北京的轨道交通密度分别为每平方公里 0.11 公里、0.04 公里，与东京的 0.14 公里、伦敦的 0.26 公里相比，仍有较大差距。

中国城市轨道交通行业发展历程

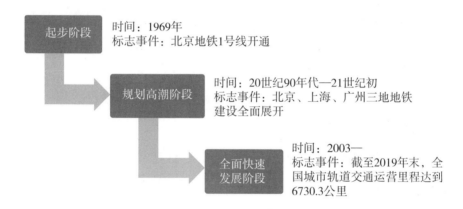

党的十八大以来，习近平总书记明确指出：城市轨道交通是现代大城市交通的发展方向。当前，发展轨道交通无疑是解决"大城市病"，建设绿色城市、智能城市的一条有效途径。要继续大力发展轨道交通，打造一个综合、绿色、安全、智能的立体化现代化城市交通系统。2020 年 3 月 12 日，《中国城市轨道交通智慧城轨发展纲要》正式发布实施，这是我国城市轨道交通行业深入贯彻落实习近平新时代中国特色社会主义思想和党的十九大关于建设交通强国决策部署的重大举措，是全面开启建设社会主义现代化国家的重要支撑。在未来城市轨道交通建设中，5G、物联网、大数据等新一代信息技术将持续融入建设、运营和管理服务等方面。智能城轨是主要

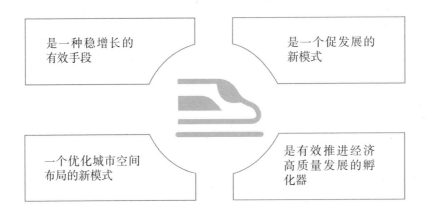

建设智慧交通、智能城轨

是一种稳增长的
有效手段

是一个促发展的
新模式

一个优化城市空间
布局的新模式

是有效推进经济
高质量发展的孵
化器

的发力点，加快促进城市轨道交通与新基建的有机融合，将是城市轨道交通建设的主流趋势。

首先，建设智慧交通、智能城轨是一种稳增长的有效手段。智能城轨的建设是一个非常庞大的系统建设工程，建设智能城轨将会消耗大量的钢筋、混凝土等建筑工程物资，而且可以带动规划、咨询、设计、监理、冶金、机械制造、建筑施工等相关行业发展。同时，城市轨道交通项目的建设和投资必将为城市提供大量的就业岗位，城市轨道交通的建设、运营还会提高相关行业从业人员的收入水平，进而有利于提高社会整体的消费能力，实现国民经济增长步入良性循环，为经济社会整体发展提速。以广东省广州市为例，广州已基本形成从规划设计咨询、建设施工、装备制造到运营及增值服务的完整产业链。2018 年，广州全市轨道交通产业重点企业超过80 家，产业产值规模超 800 亿元。同时，各领域龙头企业产值占比在 70% 以上，基本呈现龙头企业带动的发展格局。在轨道交通产业企业数量上，广州各领域在省内占比均排名第一，装备制造领域尤其突出，占比达 80%。2019 年 4 月，广州市发展改革委发布了《广州市推动轨道交通产业发展三年行动计划（2019—2021 年）》。该计划从强化政府引导、坚持创新驱动、加快产业集聚和推动合作发展四个方面确定了广州市轨道交通产业的发展思路。到 2021 年，广州轨道交通产业规模预计达到 1200 亿元，力争 2023 年实现产值 1800 亿元。

其次，建设智慧交通、智能城轨是一个促发展的新模式。对一个大中型城市来说，城轨沿线往往是城市的黄金经济线。地铁的运营减少了地面交通的拥堵，运送了大量的人流，也带来更多的消费需求，地铁沿线各车站形成许多新的经济增长区域。大量的人流催生了商业的繁荣，也将会进一步提高沿线物业的市场价值，加强郊区与城市核心区的联系，进而提升郊区的商业价值。城市郊区新建的地铁车站，往往成为未来若干年的区域聚集发展地区，代表着城市未来发展的热点区域。同时，在打造智慧交通的过程中，大量使用人工智能、云计算等新技术也为许多参与智慧交通、智能城轨建设的企业提供了难得的转型发展机遇。传统的交通管理受限于人力、场地等因素，导致管理效率不高，管理效果不佳，并增加了管理成本，但市民的出行并没有更为便利。高德公司作为一家较早进入互联网信息服务领域的企业，近年来和交通管理部门积极探索互联网＋交通管理的新模式，为打造智慧交通和智能城轨作出了不少贡献。它在汇集交通信息、政府有关部门交通数据等信息后建成的数据平台既方便了市民出行，减轻了交通管理部门的管理压力，也使企业能够参与城市重大基础设施建设项目并获得不少发展，可谓"一举三得"。

再次，建设智慧交通、智能城轨是一个优化城市空间布局的新模式。城市的主要功能往往体现在轨道交通周边的建设，把城市的功能和轨道交通的功能有效整合，通过交通先导来引导城市的发展。因此，前瞻性的城市轨道规划，一定程度上可以改变城市的布局、人口和岗位的分布，进而优化城市发展框架，引导城市功能布局更完善，从而有效地推进城市由单中心向多中心的转换。同时，大量乘客选择轨道交通出行，可以减少地面道路的建设压力，进而节约土地资源，这对目前土地越来越稀少的城市显得更为重要。曾经有人比喻，如今的城市发展是大鱼吃小鱼，中心城市不断吞并周边城市。这样的比喻或许有些直白，但正是打通了城际高铁及城市轨道交通的"经脉"，才使原本割裂的不同城市、不同区域之间得以快速地联通起来。以北京为例，每个工作日都伴随着大量的人流在居住地和工作所在地之间往返，这样形成的早晚高峰既增加了市民出行的时间成本，也一度使堵车成为阻碍城市进一步发展的"绊脚石"之一。在不久的未来，通过智慧交通和智能城轨建设，城市将不再是泾渭分明的功能区块划分，而是将以城市交通的节点为骨干不断辐射形成的多中心的城市。通过大数据中心与智能交管控制系统的互动，系统可以根据路面车流量、公共交通客运流量的变化实时调整运力，保证城市交通虽然繁忙，但不会因为某个节点超负荷而导致拥堵。因此，随着以多数据集合平台及人工智能技术的进步，多层面快速通畅的城市交通一定可以帮助那些治堵"老大难"的城市将整体布局进一步优化。

最后，建设智慧交通、智能城轨是有效推进经济高质量发展的孵化器。建立在新基建基础上的城市轨道交通产业，将在数字化进程中，融合人工智能、工业互联网、物联网的实施和应用，持续升级改造、优化提高。在提高产业效率、增加效益的同时，链式反应的新需求进一步呈现，这些需求的不断实现，将助推我国产业结构升级。比如，近年来，轨道交通智能化产品供应商不断扩大业务范围，尤其是生产轨道交通的智能化产品，包括四大核心技术产品，即自动售检票系统、站台门系统、综合监控系统和通信系统（含视频监控系统）。轨道交通智能化项目涵盖地铁、城际铁路、BRT、有轨电车等城市轨道交通的全方位产业链，逐步呈现"AI+轨道交通"的业务生态。

第八章 新能源汽车充电桩的时代来临

作为"两新一重"的重要组成部分，我们已经清楚地看到新基建发展的重点：发展新一代信息网络，拓展 5G 应用，建设数据中心，增加充电桩、换电站等设施，推广新能源汽车，激发新消费需求、助力产业升级。当前，我国在建设和发展充电桩的过程中，除了努力解决新能源汽车发展面临的问题，还应把关注的重点转向作为信息桩、数据桩和网联桩的充电桩，要重视它们在社会数字化转型的实现方面所起的重要作用。因此，努力让新基建战略部署落地，全面推广并加速新能源汽车充电桩建设已成为推动我国经济建设发展亟须解决的重要问题。

第一节

新能源战略与充电桩建设

当前，我国经济发展从高速增长阶段转向了高质量发展阶段，能源的开采、利用与转型也需要寻求新的发展方向。在人类的文明进程中，人们主要依赖以天然气、煤炭、石油为代表的化石能源。经过长期的大量开采，有些化石能源已近枯竭，并引发了相应的生态安全等问题。这迫使人们另辟蹊径，开始发展清洁能源，新能源应运而生。面对当前经济社会发展的新特点，积极探究新能源战略对国民经济持续发展有着极其深远的影响。

新能源，通常是指利用新科技和新技术开发出的或正在研究探索的可被再生利用的能源，也被称为非常规能源，主要包括：地热能、潮汐能、太阳能、生物质能、风能和核能等。新能源以其可持续利用、环境危害小、分散范围广等特点，在当今经济发展进程中的地位日益突出。通过开发新型的能源替代目前以传统能源为主的能源开采和消费，我们称之为新能源战略。

世界各国都把新能源战略摆在非常重要的位置。欧盟把新能源战略作为解决能源安全、经济安全和环境安全这三大问题的基础，并把能源政策与经济政策、气候保护政策有机结合，确立了以能源供应安全为基础、以节能减排为核心、以经济发展为目标的新能源政策，并引领全世界开启了一场后工业时代的能源革命，也推动了欧盟新经济模式变革。

近年来，美国的能源战略核心也由原来对传统化石能源的依赖转为对新能源的积极开发，关注能源安全，推动经济增长，维护生态安全等，这种战略核心的转变是为了帮助美国取得在气候变化问题和能源清洁技术领域的领导地位，把能源安全与经济复苏、国家安全和气候变化放在同一层面加以重视。新能源技术在全球经济发展进程中发挥的作用不容忽视，而这一领域的全球领先地位是美国政府一直以来致力于推动的。美国政府期望通过长期的努力，将美国带入更加环保和安全的能源未来。

与我国相邻的日本，由于其较小的国土面积和特殊的地理位置，以及风能、太阳能等可再生能源资源紧缺等因素，无论是传统能源还是可再生能源，相对都比较匮乏。因此，日本政府一直以来都通过聚焦节能谋求发展。在长期的努力下，日本的节能技术和能源利用效率多年来均处于世界前列。21 世纪以来，日本更把节能和开发利用新能源政策作为国家重要的能源战略。同时，日本政府、企业和高校都把目光集中在新能源领域，合力进行能源技术方面的创新研究，借助其在尖端技术和专业经验方面的优势，在新能源的存储、输送、效率转化等方面开展集智攻关和开发利用，并取得了较大突破。

推进新能源战略是推动调整能源结构的重要途径。近年来，随着我国对新能源战略的不断推进，我国煤炭的消费量逐渐降低，可再生能源所占比重逐步上升。新能源的发展对我国降低对传统能源依赖的作用已经逐步显现。2019年，我国煤炭消费量在一次能源消费总量中所占比重为57.7%，核能、水电和其他可再生能源等清洁能源在一次能源消费总量中所占比重为23.4%。随着我国经济的持续快速健康发展，国内的常规能源已不能满足发展需求，在很大程度上需要依赖外部能源。但在当前的国际局势发展形势之下，这对我国能源和经济安全是非常不利的。要破解我国面临的能源供求矛盾，保证能源安全，就必须大力推进新能源政策，从而降低我国经济对外部能源的依赖程度。

2019年中国能源消费构成

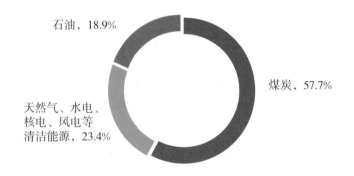

当前，新能源政策应用最广的领域是汽车行业。各大汽车制造企业都纷纷推出包括纯电动汽车、混合动力汽车等在内的新能源汽车，世界各国也根据自身国情纷纷推出支持新能源汽车发展的政策，以期引领汽车产业的未来。而充电桩作为新能源汽车的动力源泉，它的建设和发展在一定程度上影响和决定着未来新能源汽车的发展方向。充电桩的功能类似于加油站的加油机，可以固定在地面或者墙壁上，安装在公共建筑（公共楼宇、商场、公共停车场等）、居民小区停车场或专门的充电站内，可以根据不同的电压等级为各种型号的新能源汽车充电。

据统计，在购买新能源汽车时，有部分消费者会顾虑充电桩配置，这在影响购买的综合因素中排名第三。在电池性能、单次充电行驶里程短期内不能显著提高的情况下，充电桩作为新能源汽车的标配，直接决定了新能源汽车的发展。以电动化为主导的新能源汽车未来前景是可以预见的，伴随这种出行方式的改变是能源结构的颠覆性变化，这种变化不是加油变成充电这么简单，而是未来电动化智能出行和智能化能源消费模式的革命性变化。充电桩不仅是充电设施，还是使信息、数据实现互联互通的平台和载体。通过充电桩形成网联化的信息网络，实现消费者从人找充电桩，到查询导航找到充电桩、根据数据算法推荐找到充电桩，再到无人驾驶的智能能源补给的发展过程，推进未来智能化出行发展。同时，每一个充电的节点其实都是一个能源交易的入口，未来充电桩行业必然越来越强调数据的价值。数据的价值关乎将来国家对能源整体的调度。此外，未来每辆新能源汽车也是一个移动的储能装置，可以用来放电售电给电网，起到削峰填谷的作用。以充电桩为主体的充电网络将是充电物联网的概念，数据在其中的价值不可估量。在实际的运行中，这一发展趋势也越来越明显。众多充电桩运营企业都将数据化、网联化、智能化作为发展的着力点，都在积极搭建数据中心，推动车联网、桩联网加速融合，助力能源利用更加智能。[1]

---

[1] 李志勇:《充电桩建设布下"大棋局"》,《经济参考报》2020 年 4 月 17 日。

有专家表示，充电桩最大的价值在于一头连接汽车强国战略，一头连接能源安全新战略。目前，充电桩还处在能量单向流动的初级发展阶段，未来要推动充电桩数字化发展，进一步实现能量的双向互动。由于更易于统一标准并快速推广，充电桩最有条件成为未来能源互联网变革中的第一个突破口。截至 2019 年末，我国充电基础设施规模达到 120 万个，公共充电桩保有量超过 51 万个，公共充电站增加到近 3.6 万座。在产销方面，根据中国汽车协会的数据，尽管受补贴退坡等方面的影响，2019 年新能源汽车销量达到 120 万辆左右，仍处于比较高的水平。按照国家制订的发展目标，2020 年我国总体充电桩保有量将达到 480 万个，满足 500 万辆新能源汽车的出行服务需求。按照目前的充电桩保有量推算，还需新增至少 360 万个，才能满足市场需求。可以说，充电桩市场机遇巨大，潜力巨大。越是面临机遇，越是需要更加规范的管理和运营。在政策支持下，充电桩市场建设将进一步提速。

我国2015—2019年充电桩保有量

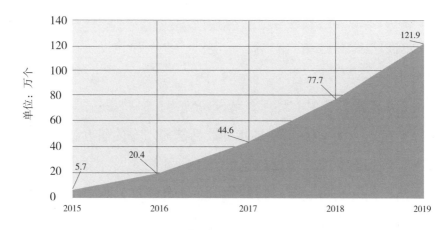

第二节

新能源汽车充电桩的发展现状

新能源汽车替代传统燃料汽车，这是汽车行业的发展趋势。随着油价高起、能源不断紧张，全世界对新能源汽车的热情高涨，各国纷纷加快新能源汽车的建设发展，自上至下开启了一轮发展新能源车型及其配套设施的建设。新能源汽车加速在全球的普及，一方面要实现充电科技的突破和充电标准的统一；另一方面要加快充电相关基础设施的建设，像建设路边加油站一样，各国都必须尽快建立高效的"汽车充电站"网络。充电站（桩）的建设正在世界各国迅速铺开。

由于新能源汽车具有环保、低碳等优点，一些发达国家如美国、日本等早在 20 世纪中后期便稳步开展新能源汽车的研发计划。在此基础上，对相配套的充电设施也进行了研究和发展。发达国家从自身的国情出发，积极制定了新能源汽车充电设施的规划。日本把建设的重点放在同时涵盖快速充电与普通充电功能的充电站。美国拥有世界上规模最大的新能源汽车市场，其新能源汽车发展战略主要是以混合动力车、燃料电池车为目标，充电基本采用整车充电模式。德国在充电设施的建设上则采用由发达城市逐渐辐射至全国的发展模式，并在这一过程中同步建设新能源汽车充电站以及电池更换站。

在充分认识新能源汽车行业的重要性及未来发展趋势和潜力后，我国政府也加快了新能源汽车领域的相关探索和研究。自1996年以来，经过20多年的研究发展，我国新能源汽车产业取得了一定的成就，国内新能源汽车保有量已初具规模并呈现快速增长趋势。但我们也要认识到，国内新能源汽车充电基础设施的建设和发展还有很长的路要走。近年来，我国现有的充电桩多是政府、企事业单位或公交系统专用充电设施，网络化的面向社会大众的公共充换电设施还未全面建设，这造成新能源汽车的个体车主在使用上受到限制，在很大程度上降低了大众购买新能源汽车的欲望。

我国充电桩市场的发展可以分为两个阶段：2013年以前发展较缓慢，处于初步试水阶段；2014年以后新能源汽车迎来发展，充电桩市场持续扩大。2012年，充电桩市场的相关利好政策陆续出台，其中《电动汽车科技发展"十二五"专项规划》要求，到2015年建成2000个充换电站、40万个充电桩。2014年，国家电网宣布引入社会资本参与新能源汽车充换电站设施建设。同年，财政部等4部委下发《关于新能源汽车充电设施建设奖励的通知》，其中明确提出对新能源汽车推广的地区给予相应充电设施建设奖励。国家发展改革委等3部委2015年印发的《电动汽车充电基础设施发展指南（2015—2020）》提出，计划到2020年，新增集中式充换电站超过1.2万个，分散式充电桩超过480万个，以满足全国500万辆新能源汽车充电的要求。国家能源局印发的《2016 年能源工作指导意见》提出，2016 年计划建设充电桩 2000 多个，分散式公共充电桩 10 万个，私人专用充电桩 86 万个，各类充电设施总投资 300 亿元。国家发展改革委等 3 部委 2018 年印发的《提升新能源汽车充电保障能力行动计划》提到的工作目标是努力用 3 年时间实现充电技术水平大的飞跃。在不断提高充电设施的产品质量上下功夫，加快完善充电标准体系，全面优化充电设施布局，显著增强充电网络互联互通的能力，推进充电运营服务品质的提升，进一步优化充电基础设施发展环境和产业格局。2019 年，我国充电基础设施产业持续高速增长，全国充电设施保有量为 121.9 万个，其中公共充电设施 51.6 万个，私人充电设施 70.3 万个，有力支撑了我国新能源汽车规模化市场的快速形成和发展。当前，我国已建立起完整的、具有自主知识产权的充换电标准体系，这是世界四大充换电标准体系之一。

2019 年我国充电基础设施得到了持续发展

全国充电设施保有量	121.9 万个
公共充电设施	51.6 万个
私人充电设施	70.3 万个
车桩比	3.4:1
2019 年全国充电基础设施增量	41.1 万个
新增新能源汽车与充电桩车桩比	2.9:1

数据来源：中国充电联盟

随着相关政策的不断出台，国家对新能源汽车产业越来越重视，我国新能源汽车市场发展迅速，在世界范围内的生产和销售都处于领先水平。但新能源汽车产业在蓬勃发展的过程中，也暴露出一些问题，主要有以下几个方面。

充电设施供求不平衡。当前，我国新能源汽车市场的生产与销售领先于世界其他国家，截至2019年，我国新能源汽车的保有量已达381万辆，但充电基础设施的数量还远远不够，车桩比接近3.4：1，与车桩比1：1的比例还差得很远，很难满足车主迫切的充电需求。一方面，从车桩比1：1的标准配置来看，充电桩有着巨大的建设缺口，这些都在很大程度上影响新能源汽车消费者的购买欲望和购买的积极性。另一方面，由于缺乏精准合理的充电设施规划，且充电设施信息未被用户有效掌握，出现了大量闲置的充电桩。究其原因，一是区域内现有新能源汽车的数量与新能源汽车充电桩的数量不匹配，车桩的比例很不合理，新能源汽车的推广应用还没有达到预期的效果；二是新能源汽车充电桩建设补贴政策不够灵活，用于新能源汽车建设的政府补贴倾斜于公共充电桩，而对私人充电桩建设的补贴力度还远远不够，消费者使用起来有经济压力，同时也不方便。

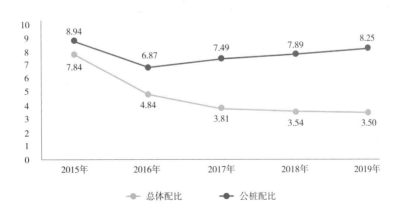

2015—2019年新能源汽车与充电桩配比情况

此外，我国充电桩的设置在布局上也不够合理，造成公共充电桩的使用率较低，远远没有形成可持续的商业发展模式，运营企业盈利困难和消费者反映充电价格偏高的双向矛盾依然存在。

投资效益不够明朗。新能源汽车充电桩在建设过程中，往往在前期投资规模巨大，但后期收益主要依靠充电服务水平，而且价格也一直徘徊在一个比较低的水平，加上充电桩市场的发展还处于初期，还没有形成完善明确的盈利模式。就目前的充电桩市场而言，这些收益对新能源汽车企业很难产生预期的经济效益，也很难给企业带来足够的利润。

行业标准和关键技术尚需完善。我国目前充电桩行业的企业有300多家，产品质量参差不齐，技术水平还有待提高。一是以目前快速充电技术发展状况来看，充电体验不好，所需要的时间比较长。以市面上常用的特斯拉直流充电桩为例，一次全部充满电需要75分钟，充满80%则需要40分钟，一般的交流慢充充电时间则超过8个小时，这不适用于公共充电桩的建设。虽然快充这种模式从某种程度上缓解了充电时间问题，但又加速了电池老化，影响了电池的使用寿命。二是充电标准不统一。和手机充电器一样，不同品牌新能源电动车的充电装置存在差异，充电接口和通信协议不相匹配。

安装私人充电桩比较困难。安装私人充电桩的主要制约条件有两个：一要有私人车位，二要有物业同意书。而私人车位贵、车位紧张的问题由来已久，一些没有车位的新能源车主根本无法安装充电桩。另一些车主尽管有车位，但物业出于对充电桩安全和电缆负荷等因素的考虑不予配合，造成车主无法安装充电桩。即便以上问题得以解决，车主还要自己协调安装充电桩过程中的施工场地、电缆走线、验收等繁杂事项，许多车主对此感到十分苦恼。

老旧充电桩升级维护有难度。我国在 2014 年曾经历了一波充电桩发展热潮，但 2016 年国家对充电桩的标准进行了修订，很多现存的 2014 年以前建设的老充电桩由于配套设备过于老旧，只能被淘汰，这给充电桩企业带来了较大损失。

充电桩管理技术不够先进。新能源汽车行业是一个不断发展的新行业，其创新发展要依托先进的科学技术，充电桩的管理工作也是一样。相关机构在管理充电桩时，会出现一系列技术难题，影响管理水平的提升。例如，如果管理部门没有引进先进的网络连接技术，那么充电桩的管理就不能实现和网络的互联。另外，我国没有制定严格有效的关于充电桩的管理标准，各地区的充电桩管理会出现混乱，影响充电桩管理的规范性。

第三节

新能源汽车充电桩路在何方

　　大力推进新能源汽车领域的创新和发展是我国由汽车大国走向汽车强国的必经之路，也是我国坚持走绿色、低碳、可持续发展道路的生动体现。充电设施作为新能源汽车产业的基础保障和关键环节，直接影响着新能源汽车发展的前景与未来。2020 年 3 月 4 日，中共中央政治局常委会会议明确提出，要加快新型基础设施建设。之后，充电桩被纳入新基建重点领域，这表明我国充电设施建设已经驶入建设发展的快车道。

　　充电桩的建设发展首要的是做好顶层设计，做好全局规划，这样充电桩的建设才能自上而下地稳步推进。国家已经出台了一系列推动充电桩行业快速发展的政策。2015 年 9 月，国务院办公厅印发《关于加快电动汽车充电基础设施建设的指导意见》，首次明确了充电桩行业的政策方向。随后，相关部门纷纷出台推动充电桩建设发展的政策。2015 年 10 月，国家发展改革委等部委印发的《电动汽车充电基础设施发展指南 (2015—2020)》提出，根据国家能源局部署，2016 年，我国计划建设 86 万个私人专用充电桩、10 万个分散式公共充电桩，以及 2000 多座充电站。到 2020 年，计划建成 480 万个充电桩，满足 500 万辆新能源汽车充电需求，其中包括 430 万个私人充电桩和 50 万个分散式公共充电桩。此后，国务院、国家发展改革委、国家能源局、财政部等多个部委多次出台政策，支持充电桩行业发展。国家政策对充电桩布局区域、布局形式、充电桩类型及数量等诸多方面进行了规划引导，并计划分批在京津冀鲁、长三角、珠三角等重点城市开展试点示范，形成自上而下的行业指引布局，由发达地区逐步开始试点渗透。在 2020 年 1 月 11 日中国电动汽车百人会论坛（2020）上，国家能源局相关负责人表示，2020 年国家能源局将继续会同相关部门，持续加强督促实施与充电基础设施相关的行动计划，努力推进我国充电基础设施的创新发展。

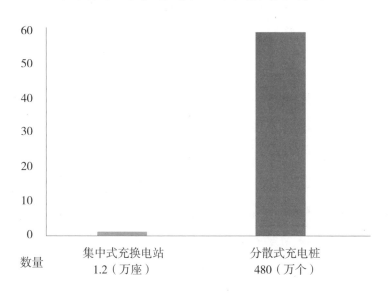

2020年计划新增集中式充换电站、分散式充电桩数量

在地方政策层面，全国多个省市出台了专门的新能源汽车充电规划或补贴政策，北京、上海、海南、浙江等省市陆续制定了充电营运补贴政策和实施细则。一系列相关政策的出台，从总体上明确了充电桩的发展方向。以北京为例，北京市制订了充电桩建设规划，围绕电动汽车充电需求，指导形成半径小于 5 公里的充电网络格局。加快充电桩建设，一要加大公共充电设施领域的投资和建设。公共充电设施、公共充电桩在新能源汽车产业的建设和发展中起着基础性作用，在欧洲、美国等国家和地区都实现了良好发展。推进充电桩建设发展，关键要做好动员、指导一些大型商业中心和文体中心等，集中配套建设涵盖充电功能的停车场和充电服务设施，加快构建"有序慢充为主、公共快充为辅"的充电网络。二要避免重复收费。新能源汽车充电时间长，充电过程和停车过程往往是同步进行的。在收取充电费、充电服务费的同时还额外收取停车费，提高了用户的充电成本，这是不合理的。三要完善充电服务信息。目前，网络已经开放了智能充换电网络管理服务，新能源汽车用户可通过相关手机 App，查找自己周边相应充电桩的具体位置、闲置状态，并提前做好预约。但由于技术等条件的约束，新能源汽车用户在网络应用平台上能够查到的充电信息往往存在更新不及时的情况。在这种情况下，可鼓励采用加盟等方式，不断扩大充电站（场）及停车资源，加快拓展充电平台信息涵盖范围。同时，应积极应用新技术新网络，实现新能源汽车与电网之间能量和信息的有效互动。

在 2020 年规划的充电桩建设的目标中，公共桩的发展已经超过了预期，而私人桩的发展数量却与 430 万的目标相距甚远。要通过共享共赢的方式改变目前这一发展不平衡的现状。共享是新能源汽车充电桩发展的必然趋势，共赢是指实现政府、企业和用户三者之间的共赢。当前，充电桩行业以供求平衡关系的合理建桩取代之前的圈地建场。这时，要重点考虑的是如何更加合理地拓展充电桩的盈利模式，规划充电桩的布局设置以及提升充电桩利用率，而不再是延续建设初期单纯增加充电桩的数量。新基建引发的巨大虹吸效应，将会吸引更多新晋者变相进入新能源汽车充电桩的赛道。而新入局者必须注重单站盈利。因为充电站是否盈利跟建多少个站、建多大的规模没有关系，并没有所谓的规模效益，而是跟建加油站一样，是按单站来算的。近年来，随着充电设备出货量变大，规模效应将会继续显现，充电站建设成本也将继续降低。随着新能源汽车保有量继续增长，充电桩利用率也随之增长，这些将是充电桩赛道进入者的福音。只有政府端和企业端不断优化，用户体验不断提高，政府、企业和用户三者之间才能实现真正的共享共赢。

虽然 2020 年政府工作报告已经突出了充电桩基础设施建设的战略地位，但这一目标的实现还需要政府辅以有效的配套措施，例如，推动大型购物商场、居民区等停车位充电桩建设；简化并完善申报办理流程、场地审批等；完善充电桩建设资质认证体系，避免充电桩质量参差不齐；加大充电桩技术研发与创新的奖励投入，促进充电桩产业标准的统一；等等，从而有效解决充电桩建设面对的现实难题。此外，要精准解决充电桩市场的突出问题，通力合作协调新能源汽车用户居住地充电桩建设。具体来说，重点解决居民小区充电桩建设问题，要精准布局、定向协调、专项解决，加大业主委员会协调力度，帮助小区业主正确认识充电桩并支持小区的充电桩基础设施建设。对在充电桩建设过程中通过各种方式影响充电桩设施建设的物业单位及个人，要进行相应的教育批评及处罚。对有固定停车位的用户，可以优先在停车位加建充电桩设施。但是，很多小区的车位在之前设置的时候，由于未考虑到充电需要，所以车位面积较小，大多车位也没有铺建供电线路，即使有也非常少。因此，在居民区配建足够的公共充电车位，建立分时共享机制，是小区充电桩建设的当务之急。

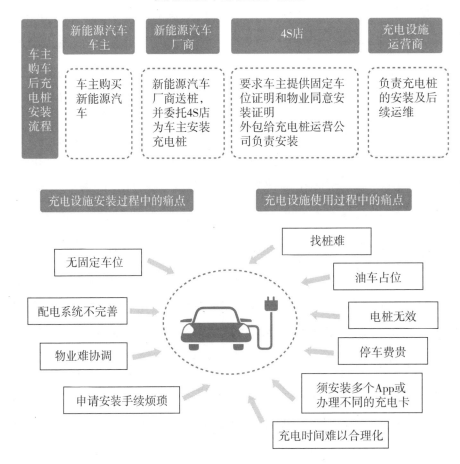

新能源汽车车主在充电设施安装及
使用过程中面临诸多痛点

在充电桩设施建设过程中，要注重互动共享的建设运营方向。新基建范畴中的新能源汽车充电桩，包含的不仅仅是传统的充电桩，其中的"新"还代表新的信息化技术。在这个过程中，可以积极促进充电桩与通信、云计算、智能电网、车联网、物联网等技术有机融合。充电桩的消费者在充电桩充电阶段所消耗的时间主要包括两个方面：一是寻找充电桩的时间，二是新能源汽车充电的时间。在寻找充电桩的过程中，充电桩作为物联网感知终端，利用物联网、智能交通、大数据等技术实现新能源汽车与充电基础设施之间的双向互动十分重要。这种信息互动的发展方向有助于形成可查询、预约、支付及远程操控的运营模式，同时提升充电桩利用率并减少用户充电等待时间。新能源汽车充电的时间，受限于目前充电功率较低的充电桩、较落后的电池技术，以及充电倍率较低、充电时间较长。为此，后期还要将充电技术（如无线充电、闪速充电）与电池技术协同发展，真正提高充电效率，进而增加充电桩基础设施的周转率。[1] 因此，在未来充电桩领域的发展变革中，应避免当前各自为战的发展格局，要不断强化充电桩共享化、通用化的意识。需要明确的是，充电桩的运营要在目前单纯的"建桩"的基础上，不断开拓新的"建网"的模式，实现桩与桩之间彼此互通、网络互联。相信未来在互联网＋、大数据、充放电等新技术手段的支持下，通过智能充电桩可以更好地实现新能源车辆和充电桩网络更加匹配，信息进一步互享，车主的用户体验更好，更能满足新能源车主的紧迫充电需求，提升充电桩的使用效率。

"他山之石，可以攻玉。"在充电桩的建设过程中，既要学习借鉴国外充电桩建设和运营模式，又要结合我国具体的情况，有效推

---

[1] 李惠钰:《"新基建"风口下充电桩需审慎布局》,《中国科学报》2020 年 3 月 17 日。

动我国充电桩产业的发展，有效解决我国充电桩领域现阶段面临的问题。在美国，政府出台规定，每修建一个家庭充电桩最高可获得2000美元的抵税优惠，这降低了购买和安装家庭充电桩一半的成本。商业用户修建大型充电基础设施可以享受最高5万美元的抵税优惠。由于新能源汽车发展水平的不同，美国不同的州也都出台了相应的免税或补贴政策。在加利福尼亚州，除联邦政府的补贴外，家庭用户每安装一个240伏壁挂式充电桩可获得750美元的补贴。美国在公共充电桩选址方面也呈现多样化的态势，一些著名的商业巨头都在旗下连锁店停车场内安装充电桩。相关数据显示，店铺外安装充电桩，消费者在店里停留的平均时间是以往的3倍，消费额也有所增长。美国还要求所有的充电桩都必须通过第三方评估，并且对所有充电桩的充电接口有统一标准；政府还提供充电共享平台，为新能源汽车用户提供充电桩的地点信息。日本也是电动车大国，充电桩的数量也随着市民需求的不断增长而持续上升。日本国内包括家用充电桩在内的充电桩数量已经超过传统加油站的数量。在此基础上，日本政府对充电桩的建设也提供相应的补贴。对于公共场所的充电桩，政府提供建设费用2/3的补贴；对私人充电桩，政府则提供建设费用1/2的补贴。除了政府积极推进充电桩的建设外，日本一些著名汽车企业还和日本政策投资银行共同成立了日本充电服务公司，主动承担起充电桩的安装成本和8年的免费保修。另外，日本一些便利店巨头如全家、罗森等也表态愿意参与并推进充电桩设施的建设，以持续推进人流量的提升，最终实现共赢。

除了学习一些国家在充电桩领域的经验和做法，还可以借鉴行业内著名企业的充电桩建设管理和运营模式。如2003年在北美成立的目前全球领先的电动车及能源公司特斯拉。2013年，特斯拉正式进驻中国市场，经过多年的发展和扩张，现已成为中国新能源市场的重要企业之一。在新能源汽车的销售和推广中，充电桩的建设运营发挥着重要作用。特斯拉目前有三种运营模式，即家庭充电、超级充电站和目的地充电。家庭充电主要针对客户的充电需要。对家庭客户，特斯拉会提供一次限定米数的基础安装。目前每辆Model S和Model X均随车附赠一个家庭充电桩，每小时充电续航里程最高约80公里。超级充电站是特斯拉充电桩的主要运营形式之一，一般沿主要公路建设，便于长途车使用。它采用一种新型架构，可以为每辆车提供72KW的极速充电功率。因此，充电速度将不会由于其他车辆在相邻的超级充电站同时充电而受到影响，大多数车辆能够在45—50分钟之内完成充电。超级充电站作为特斯拉充电桩的主要运营模式，近年来在我国大幅扩张。据特斯拉中国公布的数据，截至2020年3月，特斯拉在中国建设了369座超级充电站，另有127座超级充电站即将开放。目的地充电主要针对商旅出行和休闲度假的客户，建设的地点一般选择在一些大型的商场和高级的酒店，或者一些星级餐厅、大型的度假村和购物广场。

从当前世界各国的重视程度和各大汽车企业的投入来看，未来新能源汽车的发展势不可挡，充电桩建设作为新能源汽车发展的基础，也必将呈现前所未有的发展态势。在多种扶持政策陆续推出的情况下，我国充电桩建设速度落后于汽车保有量增长的现象也必将得到改观。随着新能源产业的快速推进、充电功率的提升、支付体系的优化，充电桩的建设和发展将对企业盈利、消费者体验升级等方面带来较大的提升，未来可期。

第九章 人工智能引领智能商业时代

当前，新一代人工智能正在全世界范围内蓬勃发展，成为世界经济发展的新引擎。我国高度重视人工智能的发展。2017 年，国务院印发《新一代人工智能发展规划》，指出新一代人工智能是推动我国产业优化升级和生产力整体跃升的重要战略资源。习近平总书记在党的十九大报告中指出，要"推动互联网、大数据、人工智能和实体经济深度融合"。2020 年 3 月 4 日，中共中央政治局常委会会议提出，加快 5G 网络、数据中心等新型基础设施建设进度。人工智能是新基建的重大领域之一。人工智能已经并将继续引领新时代中国经济发展，是中国经济增长的巨大引擎。

第一节

🔗 人工智能浪潮滚滚袭来

近年来，在全球新一代信息技术创新的热潮中，人工智能脱颖而出。人工智能日益成为全球信息技术领域产业竞争的焦点。人工智能对传统行业产生颠覆性影响，推动经济社会多领域、整体性变革和跨越式发展。人工智能（Artificial Intelligence，AI）是指对人类智能的模仿，并力图实现某些任务。1956 年，麦卡锡、明斯基等科学家在美国达特茅斯学院首次提出了"人工智能"这一概念，标志着人工智能学科的诞生。根据智能的侧重点和水平，人工智能的内容主要包括三个层次：一是计算智能，涉及快速计算和记忆存储能力；二是感知智能，涉及机器的视觉、听觉、触觉等感知方面的能力；三是认知智能，指机器具备独立思考和解决问题的能力。现在的人工智能主要停留在第一层次和第二层次，即计算智能和感知智能层次，因为第三层次的认知智能涉及深度的语义理解，目前是很难做到的。

人工智能的三个层次

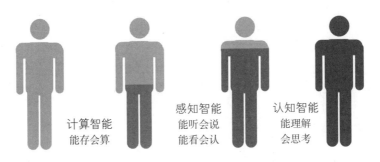

计算智能
能存会算

感知智能
能听会说
能看会认

认知智能
能理解
会思考

　　学者们对人工智能的认识视角和侧重点不同，对其分类也有差别，这些为我们认识人工智能提供了多个维度。其中比较有代表性的划分有：一是根据其实力和智能性的程度，可将人工智能分为弱人工智能、强人工智能和超人工智能三种类型。弱人工智能是专用人工智能，它很难直接应用到具体场景中；强人工智能是可以迁移到其他应用场景中，这也是现在世界上很多科学家的理想目标；而超人工智能是指超过人类的智能，目前尚不存在，假如未来出现，它将颠覆人类的生活。二是将超人工智能细化。英国牛津大学的未来学家博斯特罗姆将超人工智能细化为三种形式：高速超级智能、集体超级智能和高素质超级智能。高速超级智能跟人脑相似，但速度比人脑的智能还要快；集体超级智能是由数量众多的小型智能组成的一个统一的智能体，其整体性能大大超过现有的认知系统和认知水平；高素质超级智能和人类大脑一样快，但聪明程度与人类相比有质的超越。三是从产业链的视角认识人工智能。人工智能主要包括三个层面：底层支撑层面、技术层面和应用层面。人工智能底层支撑层面主要包括大数据和云计算。人工智能技术层面包括基础支撑技术和核心技术两个方面，其中基础支撑技术主要包括智能传感器、智能芯片和算法模型等。核心技术主要包括计算机视觉、语音及语言处理等。人工智能应用层面主要指人工智能技术在各行业中的具体应用，如交通、医疗、教育、制造和金融等领域的人工智能赋能。

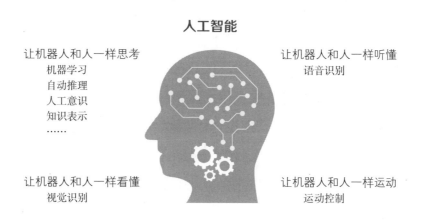

自 1956 年问世到今天，人工智能的发展大致经历了三次浪潮。1950 年至 1970 年，人工智能掀起第一次浪潮，其标志性的成果是麦卡洛克（McCulloch）和皮特斯（Pitts）发现的神经元"兴奋"和"抑制"的工作方式以及罗森布拉特（Rosenblatt）提出的"感知机"模型。继 1956 年提出人工智能概念后，研究成果也相继取得突破，令人瞩目的研究成果有机器定理证明、跳棋程序等，这些成果将人工智能发展推向了第一个高潮。然而，人工智能在 20 世纪 60 年代至 70 年代初接二连三的失败和预期目标的落空，使人工智能的第一次发展浪潮陷入低谷。人工智能第二次浪潮大约出现在 1980 年至 2006 年。这一时期，符号主义和连接主义同步发展。统计学派、机器学习和神经网络等，都是在这一阶段提出的。连接主义学派在 1986 年发现了新的神经网络训练方法，从而使人工智能的第二次浪潮达到顶峰。2006年之后，人工智能的发展迎来了新浪潮，我们称之为第三次浪潮，其标志性的成果是深度学习专家辛顿（Hinton）于2006年提出的深度学习理论。这一阶段，深度学习在众多领域都取得了卓越的成绩。例如，在计算机视觉、图像处理、自然语言处理、语音识别等领域，深度学习都有发展和突破。随着大数据、云计算和物联网等信息技术的飞速发展，泛在感知数据和图形处理器等计算平台得到巨大发展，从而推动人工智能技术实现大发展大飞跃，这一阶段的典型代表是深度神经网络。深度神经网络的出现，实现了科学与应用之间"技术鸿沟"的大跨越，如图像分类、语音识别和无人驾驶等技术实现了从"不能用、不好用"到"可以用""开始好用"的巨大技术突破，从而将人工智能的发展推向新高潮。

2016年以来，人工智能再次受到火热关注，将第三次浪潮推到一个新高潮，人工智能浪潮滚滚而来。2016年3月，深度思考（DeepMind）公司基于深度学习技术的阿尔法狗（Alphago）程序，以4∶1的成绩战胜人类围棋冠军李世石。一时间，人工智能成为媒体和网络关注的焦点，这一事件成为人工智能产业发展的里程碑事件，甚至有媒体将2016年称为"人工智能发展元年"。人工智能成为人们争相谈论的对象，引发全世界各界人士的关注：投资者希望找到商机，医生、教师、律师等各行业的人希望知道"何时被取代"，等等。人工智能掀起高潮，具体表现在以下方面：一是创新战略陆续出台牵引人工智能创新。据统计，目前世界各国加紧制定和颁布人工智能发展战略和规划，如中国、美国、欧盟、日本、俄罗斯等30个国家和地区发布了人工智能的相关发展战略规划和具体政策。

三次人工智能浪潮

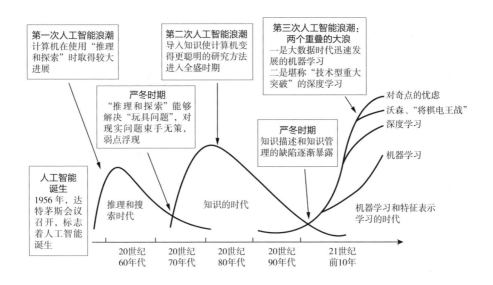

值得注意的一点是，大部分国家人工智能战略和政策文件的发布都是在 2016 年后。例如，2016 年 10 月，美国发布《国家人工智能研究与发展战略规划》，英国发布《机器人技术与人工智能》；2017 年 7 月，中国发布《新一代人工智能发展规划》等。2017 年，谷歌明确提出改变其发展战略：从"移动优先"转向"人工智能优先"。同年，微软第一次将人工智能作为公司的发展愿景。二是资本投资持续上升助力人工智能创新。过去十年，人工智能领域平均投资年增速约为 50%。

根据斯坦福大学数据统计，全球对人工智能初创企业的投资金额持续快速增加：2009 年，全球对人工智能初创企业的投资总额不到 10 亿美元。十年后的 2019 年已升至近 400 亿美元，增长近 40 倍。2017 年是全球人工智能投融资大爆发的一年。这一年，以脸书、谷歌、百度、阿里和腾讯等科技巨头为代表的全球人工智能企业获取的投融资额约为 395 亿美元。2017 年也是中国人工智能企业投融资爆发的一年。这一年，中国投融资总额约占全球融资总额的70%。目前，美国和中国是全球资本投资的重点国家。由于技术领先性，美国获得的投资金额位居世界第一。在中国，资本市场对人工智能的火热关注持续升温。根据中国信息通信研究院统计，2018年全球人工智能投融资总额约为 500 亿美元，其中，中国获得的投融资总额超过一半。可以说，在人工智能融资规模上，中国已超越美国，成为全球最"吸金"的国家。2018 年，我国人工智能行业融资额涉及的项目有 457 个，其中北京、上海、杭州、深圳四个城市获得投资的项目最多，达到 343 个，占全国比重的 63.4%。三是人工智能企业纷纷发力创新。根据乌镇智库数据库的统计，2018 年，全球共成立人工智能企业 15916 家，融资金额再创新高，达到 784.8亿美元。其中，2018 年我国新成立人工智能企业 3341 家，位居全球第二。从全球范围看，IBM、微软、三星、欧姆龙、谷歌、华为、国家电网、百度等国内外企业积极在人工智能领域进行专利布局。其中，IBM 和微软的专利数量遥遥领先。国内的华为等企业在人工智能创新策略上已形成自己的特色。华为不仅在人工智能领域专业化程度最高，而且与高校和其他企业的合作意愿也很强。例如，华为与西安电子科技大学成立西电—华为企业智能联合创新中心；与科大讯飞开展深度战略合作；与百度在人工智能平台和技术等方面展开深入合作；与微软就输入法展开合作；等等。四是人工智能创新生态日见雏形。在新一轮人工智能浪潮中，人工智能创新表现强劲，掀起了人工智能创新热潮。从信息产业发展的视角审视新一轮人工智能发展浪潮，可以说它在一定意义上就是新老信息产业争抢布局信息产业的热潮。微软、英特尔、IBM 和甲骨文等企业是传统信息产业的代表，而谷歌、苹果、脸书、亚马逊、阿里巴巴、腾讯和百度等是互联网和移动互联网时代信息产业的代表。近年来，国内外一些知名企业致力于创新发展，纷纷推出了自己研发的人工智能芯片。现阶段人工智能芯片类型主要包含 GPU、FPGA、ASIC、类脑芯片等。GPU 芯片通用性较强且适合大规模并行计算，但售价贵、能耗高；FPGA 芯片能效优于 GPU，但产品开发技术门槛较高，开发生态不完善；ASIC 芯片性能和能效方面进一步显著提升，且大规模量产后成本优势明显，但前期开发周期长，容易面临算法迭代风险。目前类脑芯片仍处于实验室研发阶段，但也推出了一系列研发产品。例如，英特尔（Intel）推出了众核 CPU，阿尔特拉推出了FGPA，特斯拉宣称将致力于人工智能芯片的开发，等等。我国正在加快类脑芯片的研发步伐，例如，中国科学院计算所推出了寒武纪芯片，华夏芯发布了自己的"松江"和"北极星"，中星微开发了星光智能一号，等等。

第二节

▓ 未来人工智能发展的新趋势

当前，人工智能在基础理论突破、信息环境支撑、经济社会需求拉动的共同作用下，呈现加速突破的发展态势，已形成人工智能产业链。人工智能产业链主要包括底层支撑、技术和应用三个层次。人工智能未来发展会走向何方？我们可以从人工智能产业链的三个构成层次进行分析。

在底层支撑层面，作为人工智能底层支撑的大数据和云计算将保持持续快速增长。一是大数据产业规模将快速增长，不断扩大。2019 年，大数据与人工智能、云计算、物联网和区块链等技术融合程度越来越高，成为各行业、各企业、各机构争抢的关键性战略技术。一方面，政府数据开放的广度和深度将进一步拓宽，多源数据融合技术不断成熟。未来，数据的标准化及开放是各国建设服务型政府和平台型政府的基础和前提。因此，各国将在数据标准化和开放等方面加强国际合作。另一方面，大数据应用的基础设施将成为人们生活中必不可少的部分。预计 2020 年全球的数据总量将达到 40ZB，我国大数据产业规模将保持 35% 左右的增速，有望突破 560 亿元。政府数据和民用数据的规模增长，将推动大数据产业规模持续增长。二是云计算整体市场规模仍将保持持续增长。人工智能的突飞猛进与算法的进步密切相关。例如，深度思考的阿尔法狗之所以能取得骄人的成绩，离不开算法的支持。目前，人工智能正在由各种人工智能芯片来提供算力，以 GPU、FPGA、ASIC 为代表的芯片是本轮人工智能发展的核心驱动力。未来，算法的技术突破决定着人工智能的发展上限。所以，在未来，能否在算法上取得技术突破将拉开人工智能企业间的差距。算法是未来人工智能竞争的核心领域。目前，全球范围内已有的算法有深度学习和神经网络等优秀模型。就国内人工智能算法而言，工程学算法是我国人工智能算法取得的最新突破。一方面，工程学算法已取得阶段性突破，但其算法水平还亟待进一步提高。随着越来越多的企业加入到云计算的潮流中来，对存储数据和处理数据的要求将被进一步推高。由于连接到云服务提供商的设备数量越来越多，云计算将不断发展，不断实现突破，这将助推我国云计算市场规模持续快速发展。

在技术层面，人工智能将获得突破性发展。未来，人工智能技术将进一步发展，深度学习和数据挖掘等人工智能技术不断实现突破，不断实现自我超越。一是在人工智能的智能程度和水平上，感知智能将日益成熟，认知智能将持续实现突破。感知智能方面，语音识别、人脸识别等技术已经实现巨大突破，这些技术在识别精度上甚至已经超过人类的水平。例如，我国旷视科技 (Face++) 的人脸识别技术，其准确率已超过人类肉眼的 97.52%，达到 99.5%，高出

未来人工智能发展的新趋势

底层支撑层面	技术层面	应用层面
作为人工智能底层支撑的大数据和云计算将保持持续快速增长	人工智能将获得突破性发展	人工智能应用驱动加速推进，人工智能产业蓬勃发展将助推经济转型升级

肉眼近两个百分点。认知智能方面，图像内容理解、语义理解、情感计算等方面出现新突破。例如，IBM 的"沃森"（Watson）认知系统可实施针对性的精准诊疗；在阅读理解竞赛里，谷歌发布的 BERT 模型全面超过人类，并在 11 种不同自然语言处理测试中创造了最佳成绩。在自主学习方面也有了新突破。与阿尔法狗利用人类积累的 3000 万棋谱训练不同的是，阿尔法零（AlphoGo Zero）不再需要人为地积累棋谱数据，而是自主学习生成对弈策略，自己生成棋谱（约 15000 万）数据进行训练。二是在人工智能技术发展路线上，数据智能将在未来成为主流，机制智能将积蓄待发，量子智能将加快孕育。数据智能是基于大数据利用的人工智能，目前，大数据＋深度学习是主流智能计算范式，已经在各行各业产生巨大的作用，但是与强人工智能相比，差距还相当大。截至 2018 年底，中国、美国、欧盟、加拿大、日本和韩国等均已发布脑科学计划，旨在实现强人工智能。目前人工智能的硬件基础是经典计算机，计算能力依然受限，机器学习算法仍然没有突破基于数理统计的框架，如果这个载体彻底更换，可能为强人工智能带来新的机会。第一条可能的技术路线是类脑计算，进一步研究人脑怎样工作；第二条可能的

技术路线是量子计算机，这些都需要新机器学习算法的突破。由此看来，未来类脑智能的发展是方向和目标，但是要实现类脑智能还需走很长的路。三是在人工智能的具体智能形态上，人机混合智能成为重要方向。在未来，人工智能发展的一个重要方向是借鉴科学和认知科学的研究成果，将人的认知模型和作用引入人工智能系统中，在人工智能中自然延伸和拓展人类智能，实现人机协同融合，从而更加高效地解决问题。在未来，人工智能将朝着与人类更加融合、互动的方向发展。在一段时间里，人工智能机器往往有自身的缺陷，有自己解决不了的问题。基于大数据的人工智能有一个弱点，机器训练过的它可以做得很好，但是机器训练里没有做过的或者没有类似的，它一定做不好，所以人机协同非常关键。在机器失灵的时候，人机协同是一个特别重要的发展方向。

在应用层面，人工智能应用驱动加速推进，人工智能产业蓬勃发展将助推经济转型升级。随着人工智能技术的进一步发展，政府和产业界不断加大人工智能投入，人工智能的应用将加速推进和落地。根据麦肯锡公司的研究报告，预计到 2030 年，约 70% 的公司将采用至少一种形式的人工智能，人工智能应用呈加速发展态势。关于人工智能应用驱动的加速推进，主要表现在两个层面：其一，"平台 +"的快速发展。这一轮人工智能广泛应用，企业特别是龙头领军企业发挥了重要的引领推动作用。全球人工智能领军企业相继推出了自己的平台，国外的谷歌、微软，国内的百度、讯飞，都有自己的人工智能开发平台，从而促进各行各业都可以通过人工智能平台来做自己的事情。随着"平台 +"的快速发展，劳动生产率将大幅提升，运营成本将显著降低。人工智能带来的实实在在的好处主要有：新产品加速进入市场，提高工作效率，降低成本，总体经济规模继续扩大。麦肯锡预测，到 2030 年，人工智能将使全球 GDP 每年增加 1.2% 左右，新增经济总量 13 万亿美元，这是一个很大的增长，其中很大一部分增长是由"平台＋"产生和带动的。其二，"智能＋"的快速发展。人工智能技术通过与具体应用领域的结合和转化，助推产业结构转型升级，从而促进经济持续快速增长。例如，"智能＋制造"助推制造业转型升级。新一代人工智能技术可从产品设计、生产、销售等全流程，多方位地助推"智能＋制造"加速发展。

未来，"智能＋"快速发展将带来巨大的变化，主要表现为：一是极大地丰富产品，产品的品种和式样更加多样化。自 2017 年以来，国际顶级科技评论期刊《麻省理工科技评论》发布的全球十大突破性技术中，每年都有三项左右涉及新一代人工智能技术。例如，2019 年的灵巧机器人、可穿戴心电仪和流利对话的人工智能助手等都是产品多样化的具体体现。二是极大地推动生产模式创新。新一代人工智能技术嵌入生产过程之后，通过深度学习自主判断最佳参数，可以实现数据的跨系统流动、采集、分析与优化，从而在生产过程中实时监测和调控变量，极大地提升生产设备的智能化水平。三是极大地推动新业态发展。"智能＋"助推生产与销售衔接更加紧密，对接更加精准，从而可以大幅地降低供应链成本。根据全球最大的战略管理咨询公司罗兰贝格预测，到 2030 年，新一代人工智能技术为中国零售行业降低的成本将高达 4200 亿元人民币。总之，未来人工智能将在底层支撑、技术和应用三个层面都实现突破。而且，在有些方面，人工智能将呈现加速突破的态势。

人工智能的不断发展和突破，将给人类带来巨大变革。一是未来人工智能将极大地提高生产效率。人工智能的运用，将把人类从重复、机械的劳动中解放出来，让人们从事充满创造性的、符合人类智能水平的工作。二是未来人工智能将极大地造福于人类。自第一次工业革命开始，人类活动与自然界就产生了张力，而且张力越来越大，人与自然的矛盾越来越突出。工业化的发展，一方面促进了经济发展和社会进步；另一方面也对生态环境造成了破坏和影响，环境污染，气候变暖、生态问题等日益凸显。未来人工智能技术的发展点燃了人类解决与自然矛盾以及环境问题的希望。人工智能技术一旦加速发展，实现生产效率的极大提升，将有效解决和改善人类生存空间问题，从而缓解人类与自然日益紧张的关系。

"智能+"的"钱"景可期

从 2016 年人工智能再次掀起新高潮以来，我国出台了一系列政策来推动人工智能＋产业的创新和发展。2017 年 7 月，国务院发布了《新一代人工智能发展规划》，指出将在制造、农业、物流、金融、商务、家居等重点行业和领域开展人工智能应用试点示范。2019 年政府工作报告首次提出"智能＋"战略。"智能＋"产生了巨大的经济效益。2018 年，中国人工智能产业规模达到 83.1 亿美元，2019 年产业规模超过 100 亿美元。人工智能新基建面向关键应用领域，主要在制造业、医疗、教育、交通、金融等领域进行升级改造。要大力推进"智能＋"商业化落地，不断释放"智能＋"的能量释放效应。"智能＋"的前景广阔，"钱"景可期。

人工智能＋制造。智能制造是将人工智能新型技术与制造应用领域有机结合，能够帮助制造业从机械化、电气自动化向数字化、网络化及智能化方向转变，从而培育出新型生产方式。当前，制造

人工智能企业的主要应用领域

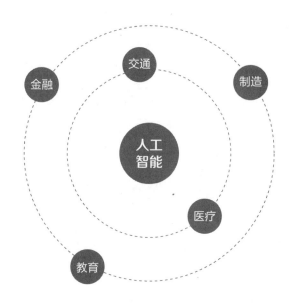

业领域的国际竞争日趋激烈。发达国家实施再工业化战略，不断提升在中高端制造领域的领先优势；发展中国家积极吸引劳动密集型产业转移，在中低端领域承接产业。我国制造业传统优势正在逐步减弱，必须积极探索新的发展模式。借力"智能+"，数据赋能制造业，使制造业以数据促进创新发展，已成为我国制造业转型升级的理性选择。目前，人工智能+制造的典型场景主要有三种：一是"智能+产品"，从软件到硬件的智能升级。人工智能与传统制造业要实现"智能+"的效应，必须将智能技术、产品和平台搭建好。例如，谷歌开发了智能芯片TPU，专用于大规模机器学习；腾讯人工智能开放平台为外部世界提供了计算机视觉等人工智能功能。二是"智能+服务"，提高营销和售后服务的精准化水平。人工智能技术嵌入企业营销环节，为制造企业提供更精准的增值服务。例如，结合腾讯云，三一重工把 30 万台设备连接到平台，使用大数据和智能算法来远程管理巨大设备群的操作状态，有效地实现故障早期预警风险，大大提高了故障诊断的效率，降低了维护成本。三是"智能 + 生产"，提高机器的自主生产能力。在生产过程中嵌入人工智能技术，使机器在更复杂的环境下实现自主生产，从而提高生产效率。总体而言，在未来，"智能 + 制造"的经济效益将取决于制造业数字化的程度。据测算，2018 年，中国工业数字经济占行业增加值的比重为 18.3%，不到 20%。鉴于制造业整体数字化水平较低，艾瑞咨询认为，人工智能在制造业数字经济中的渗透率约为 0.4%，到 2022 年将达到 1%。随着数字制造业的发展，我们相信未来的"智能 + 制造"将产生更大的经济效益，"钱"景可期。

人工智能 + 医疗。近年来，随着医疗数据数字化不断发展，人工智能在医疗领域的应用不断深入。目前，中国的智能医疗相关企业主要有平安科技、腾讯、阿里、科大讯飞和云之声。总体来说，人工智能在医疗领域的应用较为谨慎，主要集中在医院方面。例如，平安科技在疾病预测、影响分析、辅助诊断和治疗建议等方面已经有了较为成熟的解决方案；腾讯和科大讯飞主要通过落地产品的形式与医院打造"智慧医院"；阿里主要利用科技平台为创业产业服务。在未来，人工智能 + 医疗需要进一步整合。首先，人工智能 + 医疗建立统一的标准和开放的平台。2018 年 8 月，谷歌、IBM、微软、亚马逊、甲骨文和 Salesforce 联合宣布，它们将逐步开放标准，以低成本提供更好的结果。例如，具有人工智能医学影像分析和人工智能辅助诊断治疗两大核心能力的腾讯觅影，被科技部评为全国首个人工智能开放式创新平台。其次，人工智能进一步推动了医疗的发展，提高了传统医疗的水平。例如，通用电气、西门子和飞利浦，以及联影、迈瑞、鱼跃等中国医疗设备制造商，将人工智能等技术与现有医疗设备产品相结合，以便为人们提供更好的健康保障。据艾瑞咨询预测，如果人工智能医学影像技术在未来得到大规模应用，将为癌症的诊断、治疗和用药节省 2470 亿元人民币。到 2022 年，人工智能医学影像市场规模将达到 9.7 亿元人民币，已经达到等级的医院总支付普及率为 5%，三级和二级医院总付费渗透率达到 8%。

人工智能 + 教育。由于人工智能和大数据的快速发展，教育智能化成为今后教育行业发展的重要趋势。人工智能与教育相结合，即人工智能 + 教育已经开始改变现有的教育方式，引起了教育系统的高度重视。目前来看，人工智能 + 教育模式至少将改变教学方式和释放教师资源。在改变教学方式方面，人工智能 + 教育模式可以开发个性化学习系统，有针对性地推送教学内容，进一步激发学生自主学习的意愿。国内的猿题库、疯狂老师、作业盒子等互联网教育企业正在逐步推出自主学习平台，以有效提高学习效果。在释放教师资源方面，人工智能将帮助教师从大量重复、单调和常规的工作中解放出来。例如，作业智能纠错，减轻教师的教学负担。随着图像识别和语义分析技术的不断创新，人工智能 + 教育已初步实现了学生作业自动批改的能力。扩大学生的课外学习方法，分担教师的教学压力。通过建立课后题库，结合图像识别技术，教育企业可以实现学生上传问题的快速识别，并提供即时反馈的答案和解决问题的思路。正是因为人工智能的高效，人工智能 + 教育被越来越多的人所接受，随之也产生了可观的经济效益。2018 年，中国在线教育市场规模达到 2517.6 亿元，付费用户超过 1.35 亿人。人工智能技术进入教育领域后，市场上出现了大量以"智能＋教育"为核心的新型教育机构。据艾瑞咨询估计，目前，在线教育中与人工智能技术相关的业务规模已超过 120 亿元，预计到 2022 年，人工智能＋教育相关的业务规模将超过 700 亿元。

2015—2018年中国人工智能产业市场规模

单位：亿元

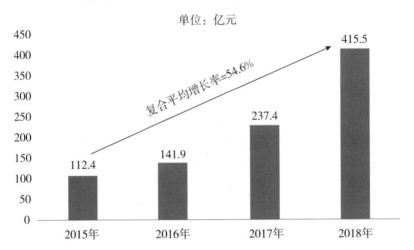

人工智能＋交通。伴随着世界经济的快速发展，各国城市化进程逐步提速，各种各样的交通问题日益突显，而人工智能＋交通的发展是解决这一难题的有效手段之一。其一，实时分析各路段交通流量，减少机动车等待时间。智能交通信号系统以雷达传感器和摄像头实时监控车辆通行状况，然后通过人工智能算法决定红绿灯转换时间，优化城市道路车辆通行状况，大大减少拥堵时间。其二，利用大数据分析，优化交通设施建设。根据民众出行偏好、生活、消费等习惯，人工智能算法分析人流、车流移动及公众资源等情况，利用大数据分析结果，给城市规划决策者提供参考与借鉴。其三，实时检测车辆，提高执法效率。通过智能信息处理技术，实现对城市各路段的机动车道、非机动车道全天24小时不间断的实时监控。通过大数据分析处理，当发现交通事故或其他影响正常交通运行的状况时，系统自动向交警及相关人员发出警示信号。在车主体验方面，无人驾驶汽车将成为未来城市道路上的主要交通工具，它具有自动行驶、自动避让障碍物，智慧加油等功能，还可实现智慧停车。例如，斑马智慧停车和上汽集团合作开发的中国首款互联网汽车荣威RX5，具备智能停车、车位状态获取和安全驾驶等功能。据艾瑞咨询统计，中国2018年交通管控项目总金额约为166.2亿元，其中交通大脑项目金额约为5.3亿元，据估测，到2022年，交通管控项目总金额将超过240亿元，其中交通大脑项目金额将超过32亿元。

人工智能＋金融。智能金融是以人工智能为核心要素，全面赋能金融机构，拓展金融服务的广度和深度，实现金融服务的智能化、个性化和定制化。"智能＋金融"被认为是人工智能落地最快的行业之一，已被广泛应用到银行、投资、信贷、保险和监管等多个金融业务场景，一场智慧金融的大变革正在拉开序幕。中国金融业正紧抓机遇，顺势而为，发力"智能＋金融"。2019年5月底，中国银行在北京首次试运行"5G智能＋生活馆"；2019年7月，中国建设银行紧随其后，"5G+智能银行"也正式开业。但是，从总体上讲，目前中国在人工智能＋金融领域还处于起步阶段，人工智能应用对金融业务主要起辅助性作用。但从长远来看，在金融投顾、智能客服等应用方面，人工智能＋金融将对行业产生颠覆性影响。例如，在中国金融科技行业居于领先地位的蚂蚁金服，已经取得令人刮目相看的成绩，特别是它全力打造的自主可控的技术底盘——BASIC（区块链＋人工智能＋安全＋物联网＋计算），是我国金融科技领域的最新发展，在人工智能＋金融领域的应用上走在了世界同行的前列。未来，智能金融将重点在两个方面取得重大进展：一是智能金融投顾应用方面，发展潜力巨大。智能投顾主要指根据个人投资者提供的风险偏好、投资收益要求以及投资风格等信息，运用人工智能技术，为用户提供投资决策信息参考，为客户资产组合及配置提供建议。中国工商银行、中国银行等国有银行已纷纷推出智能投顾服务，花旗银行预计到 2025 年智能投顾管理的资产总规模将会高达 5 万亿美元。二是智能金融客服应用方面，人工智能技术将对金融领域中的服务渠道、服务方式、风险管理、授信融资、投资决策等各个方面带来深刻的变革式影响，成为金融行业沟通客户、发现客户需求的重要决定因素。目前，中国交通银行、平安保险等金融机构已经开始运用人工智能技术中的自然语言处理、语音识别、声纹识别，为远程客户服务、业务咨询和办理等提供有效的技术支持，这不仅有效响应客户要求，而且大大减轻人工服务的压力，有效降低从事金融服务的各类机构的运营成本。据艾瑞咨询统计，2018 年，中国传统金融机构科技投入约为 1604.3 亿元，其中与人工智能相关软硬件的投入为 166.8 亿元，占 10.4%。预计到 2022 年，中国传统金融机构科技投入将达到 3700 多亿元，其中与人工智能相关的投入将达到 580 亿元，约占 15.6%。

总之，人工智能是新一轮产业变革的核心驱动力之一，将人工智能与各应用场景有机融合，将进一步释放产业变革积蓄的巨大能量。新基建将助推人工智能进一步释放活力，催生出新产业、新业态和新模式，爆发出巨大的经济潜力，从而助力中国经济高质量发展。

第十章 工业互联网是数字经济和实体经济深度融合的重要载体

　　近年来，通过电视、网络等各种媒体，人们越来越多地接触到"工业互联网"这个新兴词语。作为新基建的重要组成部分，工业互联网这样的新技术一定会像历史上推动人类文明进步的技术革新一样，给人们的生活和经济社会发展面貌带来翻天覆地的变化，成为推动数字经济和实体经济深度融合的重要载体。

第一节

工业互联网风起云涌

　　世界工业在前三次工业革命中取得了长足的进步，但是在人们的需求中还有一些并没有得到满足。伴随着互联网的发展，以数字化、智能化为代表的信息产业迅猛发展。如何将原本毫无干系的互联网与传统制造业相结合，慢慢成为人们探索第四次工业革命的方向，世界制造业强国都敏锐地意识到这种趋势并纷纷开始了探索。

　　18 世纪 60 年代，第一次工业革命开创了以机器生产代替手工劳动的时代，人类开始进入近代机器大工业阶段。19 世纪后半期。第二次工业革命带领人类进入电气时代，实现了超大规模生产，重化工业蓬勃兴起。20 世纪后半期，第三次工业革命改变了能源、材料、生物等诸多领域，信息控制技术的变革提升了生产制造效率。如今，人类社会正加速进入数字化、网络化、智能化发展新阶段。以 5G、工业互联网、大数据、人工智能、区块链、云计算为主要驱动力的数字化浪潮席卷全球，推动生产力再次得到跃升式发展。

美国首先提出工业互联网这一概念。2012 年，美国政府提出要重振先进制造业，由此美国政府和诸多企业纷纷放眼未来，想要推动本国网络设施的自动化升级，同时加强本国企业在制造能力方面的升级。在这个过程中，拔得头筹的是美国制造业大户通用电气公司（GE）。通用电气率先提出了"工业互联网"这一概念，并且认为工业互联网建设是目前信息化和工业化融合发展中最为关键的制高点。2014 年，AT&T、思科、通用电气、IBM 和英特尔这几大美国制造业巨头在波士顿成立了美国工业互联网联盟。这标志着走在世界前列的美国依旧希望在第四次工业革命中可以抢得先机，试图在推进工业互联网技术、标准、产业化等方面夺取未来大部分的市场份额。通用电气曾经进行估算：到 2025 年，全球 GDP 的近一半都会来自工业互联网，到 2030 年，工业互联网将为全球 GDP 发展

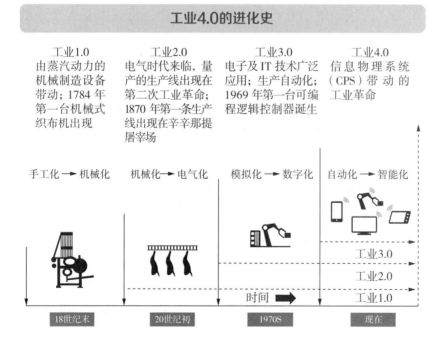

工业4.0的进化史

工业1.0
由蒸汽动力的机械制造设备带动；1784 年第一台机械式织布机出现

工业2.0
电气时代来临，量产的生产线出现在第二次工业革命；1870 年第一条生产线出现在辛辛那提屠宰场

工业3.0
电子及 IT 技术广泛应用；生产自动化；1969 年第一台可编程逻辑控制器诞生

工业4.0
信息物理系统（CPS）带动的工业革命

手工化 → 机械化　　机械化 → 电气化　　模拟化 → 数字化　　自动化 → 智能化

工业3.0
工业2.0
时间
工业1.0

18世纪末　　　20世纪初　　　1970S　　　现在

带来将近 15 万亿美元的贡献。

紧接着，欧洲的制造业巨头德国也在 2013 年 4 月公布了自己的"工业 4.0"计划，这个计划源自《德国 2020 高技术战略》中的十大项目之一。作为德国提升制造业智能化水平的重要方向，德国政府对以西门子公司为首的企业提供全面的支持，并且同步公布了德国工业 4.0 的标准化路线图。德国企业在制造业领域优势比较突出，但是在信息化方面并不占有全面优势。但是，无论是西门子，还是中国人非常熟悉的奔驰、宝马等德国企业，都敏锐地意识到工业互联网的巨大潜力，并在工业互联网布局方面投入大量的人力物力。以德国西门子公司为例，大部分人都认为，西门子公司就是从事传统制造业的企业，但其实它拥有众多软件工程师，主攻软件研发技术。西门子公司自称是欧洲排名第二的软件公司。除此之外，德国许多行业优秀的中小型企业，都已纷纷转型向工业互联网方向发展，许多传统制造业企业不甘落后，都开始打造属于自己的互联网软件工程师团队，纷纷在工业互联网领域"开疆扩土"。

在中国，工业互联网的发展里程最早可以追溯到 2008 年成立工业和信息化部，工业和信息化部的成立标志着我国工业化和信息化融合进入务实推进时期。2009 年，中国工程院院士李伯虎首次提出"云制造"的概念，可以说这是工业云的最早提法。2015 年政府工作报告首次提出"互联网 +"和"中国制造 2025"战略。同年 5 月19 日，国务院印发了《中国制造 2025》，进一步为打造制造强国画定了路线图。其中，九项战略任务和重点之一便是要推进信息化与工业化深度融合。这标志着中国正式迈入属于自己的工业 4.0 时期。

党中央、国务院高度重视工业互联网发展。2017 年 12 月，习近平总书记提出，要深入实施工业互联网创新发展战略，系统推进工业互联网基础设施和数据资源管理体系建设。2019 年 10 月，习近平总书记再次指出，当前全球新一轮科技革命和产业革命加速发展，工业互联网技术不断突破，为各国经济创新发展注入了新动能，也为促进全球产业融合发展提供了新机遇。中国高度重视工业互联网创新发展，愿同国际社会一道，持续提升工业互联网创新能力，推动工业化与信息化在更广范围、更深程度、更高水平上实现融合发展。2017 年 11 月，国务院发布《关于深化"互联网＋先进制造业" 发展工业互联网的指导意见》。2018 年 6 月，工业和信息化部印发了《工业互联网发展行动计划（2018—2020 年）》，随后陆续出台了《工业互联网网络建设及推广指南》《工业互联网平台建设及推广指南》《加强工业互联网安全工作的指导意见》《"5G＋工业互联网"512 工程推进方案》等政策文件。近年来，北京、上海、广东、重庆、湖北、江苏等 20 多个省市相继出台工业互联网产业发展政策文件。在政策引领和产业探索的共同推动下，我国工业互联网已从概念普及阶段步入实践落地阶段，帮助越来越多的工业企业降本增效，促进实体经济加快转型升级，实现高质量发展，贯彻落实网络强国和制造强国战略。

因此，不难发现，当前世界制造业都很发达的中国、美国、德国几乎在同一时间段内提出与工业互联网相关的发展战略，表明在未来将人、机器、信息进行有效整合的重大意义，这势必能够创造出新的生产力改变整个人类社会的发展面貌，使原本并不相干的互联网产业与传统制造业相互补充、相互增强，有力地促进互联网经济时代由消费领域向生产领域迈进，使数字经济由"虚"向"实"

中国工业互联网的发展历程

① 2009年之前	② 2010—2013年	③ 2014—2017年	④ 2017年至今
起步阶段	雏形阶段	发展阶段	快速发展阶段
平台开始出现，云计算技术拉开平台发展序幕	平台初见雏形，大数据处理分析平台成为应用热点	平台深入发展，设备连接需求旺盛，物联网平台爆发式增长	平台日渐成熟，工业知识积累沉淀成为核心竞争焦点，工业互联网平台进入发展快车道

发展，尤其是将为我国推进供给侧结构性改革、促进实体经济转型升级提供难得的机遇。

虽然中、美、德三国关于工业互联网的整体目标基本相同，但是关于工业互联网的准确定义目前在世界范围内却并没有详尽、统一的概念。总体而言，工业互联网的核心含义在于利用企业内外网和各种先进传感器将智能机器和工业大数据进行融合，以实现更好的人机互联互通，使未来的制造业可以更加智能地生产更符合人们需求的产品。《关于深化"互联网＋先进制造业" 发展工业互联网的指导意见》中是这样描述工业互联网的：工业互联网作为新一代信息技术与制造业深度融合的产物，日益成为新工业革命的关键支撑和深化"互联网＋先进制造业"的重要基石，对未来工业发展产生全方位、深层次、革命性影响。工业互联网通过系统构建网络、平台、安全三大功能体系，打造人、机、物全面互联的新型网络基础设施，形成智能化发展的新兴业态和应用模式，是推进制造强国和网络强国建设的重要基础，是全面建成小康社会和建成社会主义现代化强国的有力支撑。

虽然，各国的工业互联网建设在具体做法和关注点上并不完全相同，但总体来说，工业互联网作为新一代网络信息技术与制造业深度融合的产物，是实现产业数字化、网络化、智能化发展的重要基础设施和关键支撑，是第四次工业革命的重要基石。它通过实现工业经济全要素、全产业链、全价值链的全面链接，不断催生新模式、新业态、新产业，重塑工业生产制造和服务体系，实现工业经济高质量发展，同时将深度融合数字经济和实体经济。当前，第四次工业革命已经兴起，全球工业互联网已经成为各国争相抢占的制高点。无论是世界主要发达国家还是发展中国家，如果在这次重塑全球工业体系的工业革命中找不准自己的定位，无法制定合适的发展策略，那么就会被"超车"或者"掉队"，都将给各自国家建设带来难以估量的损失。

第二节
工业互联网建设带来的影响巨大

近年来，互联网已经渗透到人们生活中的衣、食、住、行等方方面面，其中火热的社交、电商、资讯、直播等领域更是各有各的霸主，发展得如火如荼。这些领域归根结底都属于同一个范畴：消费互联网。消费互联网是面向消费者的应用，而更具能量的工业互联网的发展才刚刚开始。中国工程院院士邬贺铨在"中国经济大讲堂"中曾讲道，未来的互联网就是工业互联，如果所有工厂都联网，那么它的整合带来的价值以及对整个网络的影响和贡献将会十分巨大。

人类进入工业时代至今已有两百多年历史，时至今日，在人类社会中工作着的机器数不胜数：从相对结构简单的每天叫醒人们起床的闹钟到相对复杂的医疗器械设备；从水利设施到高铁动车组；从通信网络到供电网络等。假如，这些数目繁多、涵盖人类生活方方面面的机器设备能够实现互联互通，在更广的范围内实现数据流动和人机互动，那会是一幅怎样的场景呢？或许电影《钢铁侠》中的高级人工智能机器人贾维斯以及他为钢铁侠量身打造的智能机械战甲将不再遥不可及，或许真的有一天会出现在人们的生活里。

工业互联网给生产领域带来了巨大影响。在前三次工业革命中，蒸汽机、电力、部分自动化机械逐步取代了人类部分手工劳动和脑力劳动，使制造业的产品生产进入机械化、规模化和自动化。这的确使人类节约了大量的时间和资源，能够更有效地进行生产活动。但是，伴随着消费市场的进一步细化，人们对各种产品会有越来越个性化的需求。然而，传统制造业的生产产品和销售产品两个环节却是分割开的两个系统，它们虽然都有各种机器设备和软件参与工作，但是，了解客户需求的业务部门和制造产品的生产部门之间却无法通过一个智能系统将生产原材料、设备信息以及客户的相关需求进行统一集中的调配和管理，只能通过人类进行沟通或者设置来

工业互联网带来的影响巨大

工业互联网给生产领域带来了巨大影响

用智能化的数据分析来实现生产设备的合理运转，提升了生产效率

工业互联网给消费领域带来了巨大影响

普通消费者可以获得更多更符合个人需求的产品

实现企业价值链条的扩展，实现制造企业的服务化转型，帮助很多企业打造新产业、新业态

工业互联网

是以新发展理念为引领

以技术创新为驱动

以新一代信息技术以及互联网、大数据、人工智能等技术深度应用为基础

给新产业、新业态发展带来新的机遇

实现多品种、个性化的生产来满足客户需求。这样显然无法满足当前市场对于制造行业的要求：用智能化的数据分析来实现生产设备的合理运转，以此提升生产效率。

以汽车制造业为例分析，当前包括丰田、大众、通用等世界主要汽车企业都在实施数字化战略，将打造数字化产品和提供数字化服务定位为长期发展战略和业务转型的主要方向。在传统工业制造业思维下，或许难以理解为什么汽车制造业会进行数字化转型，一个是实体的汽车，一个是虚拟的数字，二者似乎很难产生联系。但是在工业互联网的背景下，从产品的研发到生产制造再到营销服务将全流程实现数字化、智能化。从一款汽车的设计开始，企业将打造用户可以个性化定制汽车的 App，并且打造允许用户参与的众创平台。同时规模化采集与品牌相关的舆情数据和市场用户数据，实现个性化的定制及可预测的生产全流程。也就是说，一款产品在实际进入生产环节之前便可以通过可视化的数据展现在人们面前。在生产过程中，基于工业互联网平台，将实现从供应链到生产环节包括设备参数、控制数据等一系列工艺设备数据的采集。在生产过程的全周期中，包括计划数据、维护数据、质量数据等可以随时获取并提供完整的分析模型，实现工业资源的有效整合、再利用和分享。在产品进入营销服务周期时，可以建立数字化的虚拟展厅，构建线上线下一体的营销服务平台，以此来进行精准的客户分析，提供给每个客户不同的个性化服务，提供以客户为中心的极致体验和精细化售后服务。

作为工业互联网行业走在前沿的汽车制造企业特斯拉，已经超越了仅仅制造电动汽车，将自己定义为一个可以用全新人机交互方式为客户提供多种服务的综合性企业。目前，特斯拉已经实现了产品的个性化定制，除了通常可以选择的汽车颜色之外，用户还可以选择是否安装天窗、是否给自己的汽车加一个儿童座椅等一系列个性化方案。这一切并不是由人工客服接待并反馈给汽车制造部门，而是通过坐落于美国加州的特斯拉"超级工厂"中的机器人完成的。特斯拉已经成功地将互联网的数字经济由面向消费端为主转向了更多面向生产端为主的实体经济，使互联网思维成功地融入了汽车制造中。

工业互联网给消费领域带来了巨大影响。一些不了解工业互联网的人可能会说，当前我国消费互联网技术发展得这么好，消费互联网领域的红利这么多，那接下来工业互联网发展起来后不就是人们能买到更多自己更想要的东西了嘛，工业互联网的本质和消费互联网似乎没有什么区别。其实，工业互联网在消费领域带来的影响还真不是人们想象中能买到更多东西这么简单。消费互联网的发展面向的群体主要是人，个人电脑和手机基本可以覆盖所有终端都有的共性所在。而工业互联网则不同，它是互联网与产业的结合，主要针对的是企业群体，更多面向的是物，不同行业甚至是同一行业的不同企业都有着很大差别。终端更是形式多样，包括传感器、各种设备，等等，几乎都是个性化的存在。2020年5月28日，在全国"两会""《经济战疫·云起》——推动工业互联网加快发展"特别节目中，中国工程院院士邬贺铨这样讲道：消费互联网和工业互联网其实是通用性和个性化的问题。我们的消费互联网终端主要是个人电脑和手机，尽管智能化程度都很高，但实际上对使用者的要求是不高的，低门槛。工业互联网的终端是多样性的，碎片化的。

工业互联网不是说花钱就能买来的，它的流程比较复杂，需要跟生产过程紧密地关联。

通俗地说，在工业互联网的语境下，普通个人消费者确实可以获得更多更符合个人需求的产品。但这并不是工业互联网真正的能量所在，如同在生产领域一样，工业互联网主要的客户群体是企业。在传统的制造模式中，企业本身很难检测自身生产设备的运营状况，也很难掌握产品在交付用户后的使用状态，因此，传统制造企业的价值链条通常结束于产品进入营销环节之前。也就是说，作为消费者的企业和作为生产者的企业之间往往是"一锤子买卖"，买设备就是买设备，买售后服务就是买售后服务，制造企业难以实现服务化转型，很难对企业提供的产品进行服务延伸从而实现从卖产品向卖服务转变。而作为消费者的企业不单要多次重复购买不同的产品与服务，与此同时也在无形中增加了购买产品企业的运营成本，限制了企业创造新收入和利润来源的空间。

以国内工程机械行业的排头兵徐工集团为例，徐工集团目前在世界工程机械行业排名第4位，在中国机械工业百强中居第4位，在世界品牌500强中居第427位，产品销售网络覆盖183个国家及地区，在全球建立了280多个海外网点，为用户提供全方位的营销服务，年出口突破16亿美元，连续30年保持行业出口额首位。目前，徐工集团9类主机、3类关键基础零部件市场占有率居国内第1位；5类主机出口量和出口总额持续位居国内行业第1位；汽车起重机、大吨位压路机销量居全球第1位。近年来，徐工集团布局工业互联网的动作主要可以分为两方面：一是利用工业互联网、新基建加强打造数字化能力，探索制造业服务化转型的新课题。二是大力建设汉云平台新型数字化基础设施。通俗地讲，以前动辄上千万元的施工机械对于施工企业而言是一笔不小的开支，但是现在只需要首付不到 100 万元就可以开走，但工业互联网环境下生产的施工设备具有多种高精密的传感器，可以对设备运行数据进行实时采集，再配合智能化的运算，可以根据客户开机工作的时长及工作量来计算设备可以创造的价值，以协议分成的方式来支付给生产企业。这既帮助了徐工集团本身的服务延伸，实现了企业价值链条的扩展、实现制造企业的服务化转型，同时也帮助很多企业打造新产业、新业态。与此同时，以汉云平台为代表的新型数字化基础设施建设，也通过网络化协同使更多企业参与到设备联网、企业间信息传输、供应链协同等多个环节，让各个企业摆脱过去单打独斗的形态，进而向产业协同的方向转化，促进整个产业整体竞争力的提升。

工业互联网建设作为新基建的重要领域之一，它所带来的影响不仅限于生产和消费领域。新基建相比传统基建，在工业互联网领域，绝不是一个简单的投资扩大升级，而是以新发展理念为引领，以新一代的信息技术，以及互联网、大数据、人工智能等技术深度应用为基础，以技术创新为驱动，是面向高质量发展的需要。以工业互联网为代表的新型基础设施建设将更加侧重于突出产业的转型升级新方向，不仅将加快工业互联网、5G 等数字化基建的发展，更重要的是将推动产业与数字基建的融合，给新产业、新业态发展带来新的机遇。

第三节

发挥好工业互联网这个新优势

人类前三次工业革命分别实现了社会生产的机械化、电气化和自动化，接下来的第四次工业革命将向数字化、网络化和智能化发展。近年来，大数据、人工智能的创新非常活跃，而且在不断助推数字经济和实体经济深度融合。其中势必要做到的就是万物互联互通，而帮助万物互联互通的桥梁就是工业互联网。

人类进入信息化时代以来，物联网、人工智能、大数据计算、区块链等一系列令人眼花缭乱的革新技术不停地出现在人们的视野里。但是，这些足以改变整个人类世界面貌的技术却只是一个一个的"点"，而能够让它们发挥实力改变人们生活需要的是将它们串联起来的平台，这个平台就是工业互联网。创新是工业互联网不断发展的动力，而工业互联网的灵魂就是互联互通。

工业互联网互联互通的优势不仅体现在连接生产设备和各种数据上，更重要的是改变了传统的人机交互方式。在个人电脑和移动

《国务院关于深化"互联网+先进制造业"发展工业互联网的指导意见》对工业互联网的规定

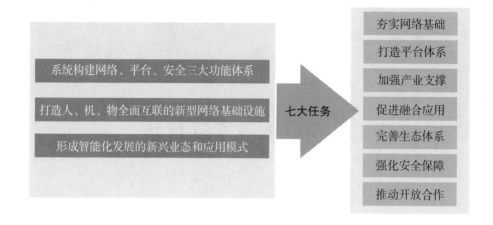

互联网环境下，人类和各种机械系统打交道需要把操作系统作为中介，比较典型的有微软公司的 Windows 系统以及后来手机端的安卓系统或 IOS 系统。工业互联网时代，人机交互的区别在于，它的应用场景并非普通人生活涉及的衣食住行，而是牵涉到许多复杂工业模型的数据，这就增加了人机交互的难度，它需要系统能够准确识别并且表达人类传达的信息。例如，医生、护士在手术前把手术器材放置在相应位置平均需要半个小时，而在手术过程中依旧需要护士为医生递上不同的手术工具，这无形中增加了医护人员在救治病人中的负担，使病人等待得到救治的时间相对延长。而连接了各种先进传感器的手术器材和佩戴谷歌眼镜的医生实现互联互通后，护士们就不用在医生手术时拿着各种工具走来走去，机械助手可以通过医生佩戴的谷歌眼镜的投射很快将医生看到的工具送到医生手里。另外，以航运业为例，2019 年 10 月针对不正常航班服务的投诉共 1005 件，占消费者全部投诉的 43.94%。其中近 24% 的投诉是由于航班延误导致，各大航空公司航班延误原因中占比 10% 左右的是计划外的维护事件。在工业互联网时代，这样的事情完全可以避免，人们可以研发出预防性维护系统，它可以安装在任何一架飞机上，与机场塔台及飞机维护部门相连接，可随时报告飞机的工作状态。不同于人工维护系统，它能够自学并且在一段时间内预测飞机可能出现的问题，在飞机降落或者执行飞行任务之前，它可以自己与机场或者维护部门进行交流，告知哪些部位需要何种维护，这是人类操作无法达到的。这就是工业互联网时代带给人们的巨大变化，智能的机器通过各种工业大数据中心实现目前我们无法想象的人机互联。未来人类可以通过语音甚至眼神来指挥、操纵机械。

2020 年政府工作报告指出，推动制造业升级和新兴产业发展。大幅增加制造业中长期贷款。发展工业互联网，推进智能制造。要继续出台支持政策，全面推进"互联网 +"，打造数字经济新优势。这是继 2018 年、2019 年之后，工业互联网的相关内容第三次被写入政府工作报告。不同于以往政府工作报告中关注"工业互联网平台"，2020 年政府工作报告的关注点扩展到了"工业互联网全领域"，这说明建设发展工业互联网的地位在不断提高，国家在推动工业互联网建设方面的支持力度在不断加大。当前，工业互联网已经成为我们国家制造业企业转型的必然选择，也是我国打造数字经济的重要组成部分。在国家政策支持力度加大和企业重视程度提高的背景下，我国工业互联网建设进度很有可能会不断加快。2020 年 3 月，中国信息通信研究院发布了《工业互联网产业经济发展报告（2020年）》。报告预计，2020 年，我国工业互联网产业经济增加值规模约为 3.1 万亿元，占 GDP 比重为 2.9%，对 GDP 增长的贡献率将超过

11%。其中，核心产业增加值规模将达到 6520 亿元，融合带动的经济增加值将达 2.49 万亿元。

2017—2020年我国工业互联网产业经济总体情况

注：2019年、2020年数据为初步估算值

数据来源：中国信息通信研究院

对于企业而言，实施工业互联网或许会带来许多不确定因素，一些企业认为把数据上传到"云端"保存，而且是分散的、乱序的储存，万一数据被盗走，即便黑客无法读取数据，可他一旦把数据再进行加密，自己也读取不了。像这样的技术融合难点或许会让企业遭遇失败，但是工业互联网可以让转型成功的企业在新的工业革命中能够更早地前进。因为它改变的是传统工业市场的规则，打破了数字经济原本的市场面貌，越早加入，越早实施则越能适应并抓住工业互联网时代带来的各种挑战和机遇。

2020 年全球经济发展前景并不明朗。在这样的大背景下，以全球视野规划工业互联网发展，我国与世界其他国家处于同一水平线上，这意味着我国在走一条谁也没有走过的路。当前，同样也是加速我国制造业转型升级的重要窗口期，网络化制造是主要制造业强国的布局方向。谁能够抓住以工业互联网为代表的新技术推动产业加速变革，谁就能在未来产业竞争中占领制高点。美国政府对"中国制造2025"战略的打压一刻没有放松，他们一直试图延续中国在前三次工业革命中的"掉队"，试图延续在个人电脑、移动互联网平台上对中国的垄断。对中国而言，发展工业互联网的机遇稍纵即逝，如今正是全球工业互联网建设抢占主导权的重要机遇期，我国拥有完备的工业体系、庞大的专业人才队伍、超大规模的工业互联网应用需求，具备加快建设工业互联网的基础和优势，应该抓住机遇努力实现关键核心技术自主可控，把创新主动权、发展主动权牢牢掌握在自己手中，在这个过程中不获胜利绝不收兵。

2020年全国"两会"期间，国务委员兼外交部长王毅就"中国外交政策和对外关系"相关问题这样讲道：世界回不到过去，中国同样也不会停下前进的脚步。当前，我国已经实现了"站起来"和"富起来"，接下来要迈向"强起来"的时代。强大的综合国力是需要强大的实体经济和以技术创新为基础的，工业是强国的立身之本，强大的先进制造业是数字经济和实体经济的基石。在实现制造强国和网络强国的伟大征程中，推动工业互联网建设不仅能满足更高质量发展的需要，而且能推动实体经济和数字经济深度融合，支撑中国经济提质增效。

后 记

2018 年中央经济工作会议首次明确提出：加快 5G 商用步伐，加强人工智能、工业互联网、物联网等新型基础设施建设。"加快 5G 网络、数据中心等新型基础设施建设进度"成为 2020 年我国经济社会发展的重要举措。2020 年 4 月 29 日，中共中央政治局常务委员会会议再次强调，加快传统基础设施和 5G 网络等新型基础设施建设。中央密切关注的信号十分明确：中国将加快新型基础设施建设进度。今后，新基建将成为社会关注的热点之一。

为帮助读者进一步深入学习和理解中央关于新基建的重大部署，我们编写了这本书。本书围绕新基建来得正当其时、新基建从"新"开始、新基建路在何方、5G 成为经济增长"新引擎"、数据中心是数字经济的"命脉"、特高压是经济社会的"超级动脉"等十个方面进行阐述。本书对于读者深入理解新基建究竟"新"在哪里，新基建包括哪些范围，新基建如何建等问题具有重要的参考价值。

本书以中央会议精神为指导，以国家发展改革委等国家部委的政策为依托，参考了国内许多著名专家的学术观点，借鉴了《2020

城市新基建布局与发展白皮书》等著作的框架设计。本书的撰写得到国防大学学科学术带头人洪保秀教授的精心指导，在此一一表示感谢。

本书主编为廖莉娟，副主编为胡军涛、曹国强、赵亮、薛亚梅。各部分的撰稿人分别是：第一章，尚选彩；第二章，曹国强、尚选彩；第三章，郝梦璇；第四章，黄玉莹；第五章，薛亚梅；第六章，赵亮；第七章，刘莉；第八章，赵亮；第九章，薛亚梅；第十章，贾瑜。廖莉娟、尚选彩负责拟定提纲、统稿和校对工作。

由于时间仓促、水平有限，书中难免有疏漏不足之处，恳请读者朋友批评指正。